图书在版编目（CIP）数据

生命之树：个人成长与能量疗愈 /（美）雪伍，王岩著 . — 北京：中国文联出版社，2015.5
ISBN 978-7-5059-9951-0

Ⅰ . ①生… Ⅱ . ①雪… ②王… Ⅲ . ①个人—修养—通俗读物 Ⅳ . ① B825-49

中国版本图书馆 CIP 数据核字（2015）第 124774 号

版权登记号: 01-2015-2671

生命之树：个人成长与能量疗愈

作　　者:（美）凯思・雪伍　　译　　者: 王　岩

出 版 人: 朱　庆
终 审 人: 朱彦玲　　复 审 人: 蒋　泥
责任编辑: 蒋爱民　褚雅越　　责任校对: 傅泉泽
封面设计: 尚上文化　　责任印制: 陈　晨

出版发行: 中国文联出版社
地　　址: 北京市朝阳区农展馆南里 10 号，100125
电　　话: 010-65389682（咨询） 65067803（发行） 65389150（邮购）
传　　真: 010-65933115（总编室），010-65033859（发行部）
网　　址: http://www.clapnet.cn
E-mail: clap@clapnet.cn　　yayue1570@126.com

印　　刷: 三河市华晨印务有限公司
装　　订: 三河市华晨印务有限公司
法律顾问: 北京市天驰洪范律师事务所徐波律师
本书如有破损、缺页、装订错误，请与本社联系调换

开　　本: 787×1092　　1/16
字　　数: 230 千字　　印张: 13.25
版　　次: 2015 年 9 月第 1 版　　印次: 2015 年 9 月第 1 次印刷
书　　号: ISBN 978-7-5059-9951-0
定　　价: 45.00 元

致谢

在此感谢我的老师们和学生们对本书给予的必不可少的帮助

现在而推测未来。

而另一方面，第二注意力所经验的宇宙，是一个不可分的、动态整体。由彼此穿插的多种维度构成，并不受限于顺序时间，只能用持续变化的关系来定义。第二注意力要求完全地参与，这意味着感觉、感知并触摸世界，让世界深入自己，允许世界在每一个瞬间深深地影响自己。

我的意思是，这正如人们常说的“被某种体验所触动”。发展第二注意力，意味着发展出被体验所感染、打动和穿透的能力，因此你能够在各个层面全然参与这种体验。如果我们用全息照相来比喻，就能很容易地理解第二注意力。假如分割和观察的过程是第一注意力的核心，那么，第二注意力则是未被破坏的、完整的洞悉。就像全息照相，它所见的宇宙是“……彼此包含和叠加的……这意味着，每一个部分中都在某种程度上包含了整体。如果全息图的某个部分被照亮了，整个图像将会重现”[3]。同理，第二注意力在每个片段中看见整体，在整体中看见每个片段。它凭直觉感知世界，感觉“心智与物质相互依存、相互关联……他们是互相叠加的对更高现实的投射……”[4]

第二注意力是我们每个人都具有的天赋能力，是直觉地通过心和潜意识头脑来感知我们的内在和外部世界。我们也可将之视为真我体验和观察外显世界的一扇窗。通过擦亮这扇窗并让它不受阻碍，来发展第二注意力，真我就会清晰地看见正在发生的事情。“心理—灵性整合”的首要工作是，发展第二注意力并保持这扇窗不受阻碍，以使真我显现。

第二章
发展第二注意力

勇士准备着觉醒，当我执慢慢消融时，觉醒便悄然发生。

——卡洛斯·卡斯塔尼达

《内在的火焰》

在这一章，你将通过一周的系列练习，学习一种发展第二注意力的方法。发展这种真我的注意力，让它直觉地通过心来体验世界。当你在心智上、情绪上和身体上从你的行为中抽离、并且开始观察自己的行为之时，第二注意力就开始发展。这被称作觉察。

在下面的系列练习中，你将首先学习怎样觉察自己，然后，你将学习用第二注意力来体验世界。就像是一个医生，在觉察时你必须冷静客观，必须置身于你所从事的活动之外。在本章所有的练习中，你都要从身体、情绪和心智三个层次来觉察。在第一天和第三天，将使用你的一张近期照片。在第四天，将使用你青少年时期和儿童时期的照片。开始第一个练习前，先选出你要使用的所有照片。要使用全身照，最好是你的单人照。

动作。在你走出十步之后，慢慢转身，走回去并再次躺在你的身体中。记住，尽管你要尽可能完全地体会你离开和走回的动作，你仍然要保持观察者的状态。不要执着于你正在做的事。只要一直去觉察那个在身体、情绪和心智上走动的人。在回到你自己体内躺下之后，放松大约十分钟。当你感到满意时，睁开眼睛。你会感到十分清醒、完全放松，比之前感觉更好。

第三天

第三天的练习需要用到你选择的自己的近期照片。我建议你用坐姿进行这个练习。照片应当竖立在你的面前，这样，你不用移动头部就能看清照片。一旦你把照片在你面前放好之后，就闭上眼睛、用鼻子有节奏地深呼吸，直到你感觉放松下来。然后，留意你的脚趾。如果你仅仅是留意脚趾一小会儿，你就会感到它们略感刺痛。你会感到由血液循环所引起的脚趾里的一种振动。感觉这种震动遍布你的双脚，并感觉双脚放松下来。继续做这部分的练习，把注意力移到你的脚踝。留意它们，直到脚踝开始略感刺痛并放松。观想你自己正在按摩和轻抚脚踝可能会有所帮助。你也可对身体的任何需要帮助的部分进行这种观想。

继续这个身体放松的过程，把注意力移至小腿。然后从小腿移至膝盖。当膝盖略感刺痛时，把注意力移至大腿。留意你的大腿，直到它们完全放松。继续这样做，把注意力移至你的髋骨、臀部、骨盆区域、下腹部、背部下方、上腹部和背部中央。然后感受你的胸部和两肩上略感刺痛。当你感到肩部放松之后，把注意力放在你的手指。继续这个放松的过程，留意你的手指、手掌、手腕、小臂、手肘和上臂。然后移至脖是在转化之后，人也会由于罪恶而与宇宙意识和能量场分离。他们还相信，处于这种状态下的人，在精神上已死去。在整合中，我们不认为一个人的原始状态是分离的，也不认为分离是客观存在的真相。尽管人们或许不能在意识层面体验他们的内在生命，尽管他们不断从事的活动导致了越来越远离内在生命，但是在潜意识的层面，他们仍旧从未曾也永远不能与宇宙场分离。无论他相信与否、有意识地体验与否，他都存在于宇宙场之中。他一直都处在，也将永远处在“道”、“梵天”、基督徒所说的“基督之心”中。而且，在潜意识中，他从未间断地经验宇宙场，与之交流，并从中获得滋养。

正如耶稣以及任何一个开悟的上师一样，每个人都存在于宇宙场之中，并从中获益。唯一的不同在于，开悟的上师同时在意识和潜意识层面经验与宇宙场的合一。他已脱离了“只有存在于物质世界的才是真实的”这一幻觉。他对“自己是谁”的理解，考虑到了宇宙能量场及弥漫于其中的意识。因为他直接经验宇宙场、万物以及支撑这个场的宇宙意识。他能够有意识地经验宇宙场，而抵制排除一切去仅仅认同于他的意识头脑和身体感官的倾向。相反，通过自我整合，他融入了真我，即自我的综合。通过真我，他体验到自己与宇宙及其中之万物建立了适当的关系。

犹太基督教传统

西方思想的基础是由犹太学者和神学家奠定的。在犹太传统中有一个见解，即希伯来人是被神捡选的，但是却已与神分离，犹太人生来便和他的兄弟们不同，生来便是分离的。这些观念的核心是分离的习俗化。

犹太人的困境是怎样取悦一个善妒而苛求的神。在《以赛亚书》中，先知斥责以色列的孩子们。他告诉他们，“你的邪恶使你与神分离，你的罪让神隐藏面孔，不听呼唤。”[1] 又一次，在《利未记》中，上帝通过先知的口说：“但我对你们说过，你们要继承他们的地，就是我要赐给你们为业、流淌着奶与蜜之地。我是你们的上帝，你们的主，这使你和其他的人们不同。”[2]

虽然耶稣宣称每个人生来都和他一样，都能通过圣灵臣服于圣父而直接联结圣父（宇宙的意识和能量场），但是基督教神学却变得教条而呆板，过于强调形式而忽略了耶稣教言的精神。就像卫道士法利赛人，部分原因是因为他们信奉亚里士多德，所以基督教神学家现在宣称人生来就是一个分离的存在体。使徒保罗在《加拉太书》中说：“走在精神的道路上，不要去满足身体的欲望。因为肉欲和灵性相争，灵性和肉欲相争，这两者是彼此冲突的。”[3] 几百年来，这些言语和很多其他言语不断地被牧师们引用，用来证明：人类处在宇宙场之外，人一直活在一种分离的状态中，一切事物不是“我”“自”便是“其他”。从基督教言中，我们了解到，人类在本初状态（伊甸园中），通过与神的联结而合一，体验过没有二元分别的生活。但因为罪（sin，在希腊语中意为“分离”），人类变得分裂，也失去了合一的经验。对于基督徒，耶稣成为为堕落的人类在圣父面前求情的媒介。因此，他也成为连接灵（圣父）与肉（人性）的桥梁。通过耶稣（后来称作基督），通过以真我作为调停者，人类再次重获与圣父（大我），与宇宙的连接。这个连接曾因亚当的罪而丢失。通过耶稣与天父的特殊关系，人类重获与精微世界的连接而变得完整。正如耶稣告诉他的门徒，“……除了天父，没有人能认出圣子；除了圣子和子所愿意指示的，没有人能认出天父。”[4]

基督徒告诉我们，当亚当被逐出伊甸园的时候，人类丧失的是与内在世界的连接。对于基督徒，耶稣是完整的、与宇宙场合一的人之原型。通过打破分裂幻象，耶稣成为基督、救世主。通过变得完整，耶稣经验了普拉纳的受膏①。普拉纳不受阻碍地流向那些穿破了二元性而成为真我的人们。

基督在你之中

然而对于在基督教世界中长大的人而言，有一个重要的问题是：耶稣和其他的人有本质的区别吗？如果我们相信他创造了《福音书》中所记载的奇迹，那么毫无疑问，就“量”而言，他是不同的。可是就“质”而言，即使他自己坚持认为自己与其他人没有区别。他自称只是先于其他兄弟罢了。

虽然兄弟们成长的经历可能并不相同，但是所有的兄弟都来自同一个母亲。在这里，母亲就是宇宙场。并且他们总是与宇宙场合一的。正如克欧帕尼沙德告诉我们的，“……我身体的所有部分，我的眼睛、耳朵、话语和生命，我所有感觉的力量都从宇宙获得滋养。所有的存在实际上都是梵天……”[5]

二元性

“分离”的教义，作为传统神学的根源，导致了许多的误解和不必要

---

① 译注：受膏指在宗教仪式上给人涂油，使其神圣化。

的痛苦。同时，它也是传统心理学的基础。传统心理学以牛顿和笛卡尔的思想为基础，认为分离是人类的自然状态。而基督教会和传统心理学建筑在亚里士多德模型之上，很多教义和研究都来源于经验证据。因此，迄今为止，基督教会和传统心理学都无法看到人的完整性，无法看到人是多维的生命。基于亚里士多德、苏格拉底和柏拉图的传统学说，教会只能在二元的背景下来看待人类。

柏拉图认为，人总是在自我的本性和公认的高尚之间挣扎，在动物的肉欲和心灵的崇高理想之间斗争，而两者之间的转换需要勇气。他的主要思想是理解人类固有的二重性。亚里士多德拓展了柏拉图的思想，但他仍在二元背景下看待人。他教导学生，通过勇敢的行动，一个人就选择了认同于个性中的高尚部分，而拒绝低下的。然而这种勇敢不可避免地需要一个人压抑他天性中被自己认为是不高尚的部分。这部分天性被拒绝了，它们并没有被整合，反而被评判、裁决并变成了一个人的内在的“他人”。[①] 在亚里士多德的观点中，值得称颂的品质一定要战胜不被称颂的。亚里士多德的这种二元论被基督教思想所继承，也被产生了现代科学和心理学的理性主义所继承。

作为现代西方科学的奠基者，牛顿和他的同时代人（特别是笛卡尔），坚定地将西方世界推向理性主义和唯物主义。理性主义和唯物主义战胜了中世纪思想。虽然中世纪思想运作于以二元论为基础的神学之上，却也深深地植根于直觉和信念。而且，在中世纪，上帝仍是宇宙的中心，

---

① 这些“他人”是不被需要的、不被爱的那部分自我。他们深深地存在于一个未整合的人的潜意识里。他们是那些小魔鬼，他们先是被一位家长拒绝，而后又被孩子自己拒绝。孩子通过拒绝自己的一部分来重获失去的爱，并重建与那位家长的关系。尤其是这些潜意识里的“他人”，必须被回忆、重拾并与彼此和意识自我重聚。

社会的绝大多数仍然继承先祖的观念，看到万物皆灵，看到现实往往是主观的。对于中世纪的人而言，包括自己在内的万物，都是上帝的显化（都是与宇宙的意识和能量场合一的）。然而对于积极推行科学革命的牛顿、笛卡尔及其同时代人们，神不再是太阳系的中心。整体支离破碎，有机的变为机械的。宇宙变成了一个大机器，上帝开动了它，然后就走掉了。

笛卡尔把科学思想变为分析和纯粹的逻辑推理。工作中，他将自然分割成易于管理的片段，然后逐片分析以求理解它的真实本质。当然，在这个被机械化了的宇宙中，不可能存在合一、宇宙场或灵魂，甚至在宇宙的表象的实质上，也不会有一个整体支配的意志或意图。当然，在宇宙之外，也不可能存在不可被度量的物体。

存在于物理现实之外的一切，都是幻觉或者异想天开，是原始或者无序头脑的产物。

笛卡尔、牛顿及他们的同时代人们所谓的科学，将世界分成若干片段，拒绝把它看成一个有机整体的能量场。随着时间推移，外在的分裂导致内在分裂。人不再相信自己存在于神无所不在的能量场中。人变成了一个孤立存在的机械个体，一个机器。人生活在一个充满其他机器的宇宙中，可以忽略其所处的环境而被孤立地研究。人的精神实质被忽视，内在真实被嘲弄。人，就像他的宇宙一样，变得分裂、自我斗争。

弗洛伊德和他的同时代的人们接受人是分裂的。他们将人看成一个在身份、自我、超我三者之间不断斗争的个体。此外，在他们的理论中，理性最终战胜了直觉，二元对立战胜了统一。他们将人从其获得精神滋养的宇宙意识能量场中隔离出来。于是，尼采大胆地宣称："上帝死了"。而马克思对宗教的控诉战胜了人类几千年的经验和直觉。在他的教导中，人不再和宇宙能量场连接，而意识成为一部机器。哪怕是一部卓越的机器，也是有限的、无比孤独的，无法到达更高层面。弗洛伊德把人体验高等意识并寻求合一的需求看成是回归子宫的婴儿需求。由于无法看到人类对合一和自我实现的深刻追求，他谴责人类无法完全经验自己。

由于理性战胜了直觉，人的内在生命淹没在沉重冰冷的理性分析和逻辑中。基于这个理论之上的基督教和传统心理学都不能为人类提供一条宁静的回家之路。相反，它们满足于安抚病人，给他们一些虚假的期望，让他们对于在内心深处折磨他们的恐惧和痛苦感到麻木。

第二注意力

运用第二注意力作为精确洞悉世界的窗口。

第四章

问题的根源

……在深处，接近我本初的源头，有着永世的寂静。

——亨利·易卜生

《矿工》

尽管在客观上，每个人都和宇宙是一体的，但对多数人而言，由于个人能量场被破坏，他们对宇宙的合一经验也被破坏。当这种破坏持续相当长的时间后，他们会忘记曾经在婴儿时期体验过的本初的合一状态。而他们只能在意识层面体验分裂以及与之伴随的存在的痛苦。不幸的是，这是绝大多数人的现状。大部分人今天仍然没有意识到，每个人类问题的根源都是能量的问题。他们不知道，若要解决问题，实现人生目标，他们必须改变流经他们精微能量系统当中所含能量的数量和质量，他们必须改变自己与那个环绕并渗透着自己的能量场的关系。

我写这本书，是因为通过经年研究，我已精通能量转换的应用。我对人们在能量工作领域所表现出的缺乏常识和能力而感到吃惊。很多人的自我提高和成长的努力都失败了，因为他们不知道他们问题的根源在于精微能量系统和个人能量场的失调。即便他们确实取得了这种认知突破，他们也缺少工具来修复先前的能量系统损害。

过去，我的生活一团糟

我花费了大量的时间在能量工作上，最初并非出于任何利他的目的……很少有人出于正确的动机开始“心理—灵性整合”工作。我开始这项工作是由于我的生活和大多数人一样，一团糟。在我十几岁时，我的大部分时间都用来想我的生活到底出了什么问题，而不是去过我的生活。这给我带来了各种痛苦，因为我试图将自己分割开来，通过了解自己的各个部分来了解自己。我错误地以为通过这种努力，我便可知道我是谁，该对我的生活做什么。

后来我明白，我的问题并非我不知道自己是谁，而是我将这个问题摆在第一位。“我是谁”这个问题，永远没有答案。它只能导致内在的抗争、拉扯、更深的分裂和内在混乱。正如我后来才知道，我问这个问题，是为了避免痛苦地体验到内在的“他人”……那些潜伏在我潜意识中的魔鬼。回避这些“他人”，并没有纾解我的痛苦，反而给我更多的痛苦。直到有一天，我的生活中弥漫着痛苦，以至于我无法记起较早前没有痛苦的样子。

想要了解自己，解决内在冲突，解除痛苦和取得内在平衡和宁静的愿望，让我进入了对我的精微能量系统的研究。我一点点学会了心理—灵性整合的原理。每当我学会一点儿，就能回忆和重拾自己丢失的和不愿面对的部分。当我开始重拾埋藏在我里面的“他人”时，我的人生变得更快乐，并开始变好。我发展了自己，释放了被囚禁在内的能量。我发展了在此呈现给你们的这个体系，这个被我称为“心理—灵性整合”的体系。这是出于必要，也是出于我渴望理解并整合我自己的那些似乎彼此冲突的部分的需要。

成长经历

因为我是一个敏感的孩子，我不仅苦于自己的分裂状态，而且常常无意识地受到他人的思想、感情和身体所放射的能量冲击。如果我和一个有着负面思想的人在一起，我的大脑就会吸收它。如果一个人投射负面的情绪，我也会吸收。我甚至在不自觉的情况下从他人那里得到他们的头痛或是其他的疼痛或小病。

当我长到十几岁，在学校和家里遭遇的困难，以及伴随着性成熟的缺乏理解和支持所导致的危机，迫使我不得不面对自己和内心冲突的欲望、感情和思想。这些都是自童年早期便开始积累的负担。因为青春期的危机，我决定向内审视，以找到解决之道。我的问题并非特殊，我也与他人无异，我们每个人都面临某种不同程度的危机。正是一个人同危机的关系和解决危机的方法，决定了他将来要走的路，是积极寻求心理—灵性整合，还是继续分裂着度过余生。

我和另一些人的区别是，我积极地有意识地探寻什么在阻碍我，并想要清除障碍，以便我能全然地经验人生。从我的青春期危机中浮现的目标，最后也成为我的人生理想：做完全的自己，无论在何种境遇都没有畏惧地绽放。从那时起，经验我自己，成为我自己，就成了我的人生功课。

研究每一个人

在工作过程中，我发现在研究自己的同时，我也研究了所有其他人。因为无论我们身处何处，来自哪种文化，在能量的层面上我们都是一样的——我们是并且一直是由同一个缔造者创造的。随着理解的一点点增加，我越来越接近我的目标，越来越接近隐藏在所有事物之下的合一本质。威廉·詹姆斯告诉我们，“无论我们是什么样子，在某种程度上，如果我们内在紧张、敏感、无法抗拒诱惑的程度越严重……性格越能在内在自我的清理合一的过程中进化。高级和低级的情感，真实的越轨冲动，开始时是我们内在的一堆混乱——它们最终必须形成一套有序稳定的系统。‘苦恼’常常被用来描述建立秩序的挣扎过程。”[1]

詹姆斯继续告诉我们圣奥古斯丁的例子。他的内在危机众所周知，而且被记录在自传中。詹姆斯告诉我们，“圣奥古斯丁用心理学天赋记录了他从未战胜分裂的自我。”[2] 在他的自传中，圣奥古斯丁在转信基督教之后说，“我刚刚发展出的新意志，还没有足够强大到战胜旧意志。旧意志被长期的沉溺所强化。因此，这两个意志，一个新、一个旧，一个肉欲、一个灵性，彼此争斗，搅扰着我的灵魂。”[3]

和他一样，我那些矛盾的自我碎片彼此重叠。结果，我并没有像得到神启般，突然的转化回到无条件喜悦的状态。我必须回忆、重拾、和重聚那些被埋葬的自我碎片。通过一次净化就完全彻底改变一个人的人生，这种想法是不现实的。改变是逐渐的。一次自发的突然的转变，只可能出现在我们的显意识层面。但是潜意识层的转变，常常需要进行几个月的看不见的准备工作。

罗伯特·阿沙吉欧利博士谈到一个“孕育通灵”的时期，这是指潜意识大脑吸收经验的时期。我们的显意识经验所积聚的潜在能量已经呈现于我们的潜意识、呈现于我们的更高级的体。但潜意识需要时间来处理信息，松开堵塞。这个过程是有节奏的，伴随着酝酿和自发的突然的转化。我经验过几百次的启示和转化，每一次都帮助我回忆、重拾和重聚丢失的自我碎片。我青春期所经历的危机，让我进入一系列的清理体验。这些经验后来在我的生活中无处不在，它们只是过程而已，这些过程最后让我得以面对自我的合一——真我。

个人责任

对我而言，当我不再把我的悲惨状况归咎于别人，开始为自己的状况负责时，回归之路就热切地展开了。一旦我发现，是我自己选择了收缩，我就意识到了，我可以选择再次放射。于是，我开始找一个拐杖，一个我可以抓住的，可以带我进入我的内在来做些改变的东西。似乎，如果我可以找到一个东西帮我释放堵塞的情绪，我就可以回到正轨继续生活。于是我开始探索。幸运的是，我遇上了一个由丹尼尔·卡萨洛和亚瑟·诺夫发起的项目。这是一个团体治疗的项目，它使用的主要工具在当时被称作“质询”和体验“释放被压抑的童年情绪”。当一个小组成员不诚实的时候（这并不是指给出虚假信息，而是指他通过压抑或沉溺来伪装他的情感），他就会被其他成员质问，并被要求表达他的真实感觉。此外，小组拒绝把这些不当情绪习俗化的行为，拒绝阻碍不当情绪自由放射的行为。小组成员被期望去改变这些行为。成员被期待去冒着风险，在生活里改变这些阻碍他诚实地生活和诚实地表达自己的东西。小组成员学习释放积聚心中多年的恐惧、愤怒、痛苦。一旦这些情绪被清理，就更容易去改变旧习惯，停止按照“老一套”行事；更容易在当下诚实、成熟起来。

马拉松治疗

对我而言，有一次小组经历尤为特别。它向我展示了能量如何以情绪的形式被困于个人能量场中，并对他的生活形成多年的影响。这事发生在一次马拉松治疗中。这次团体治疗持续了整个晚上、18 个小时。那是 1972 年，在纽约的伍德斯多克，小组治疗从大约下午六点开始。整个晚上大部分时间，我都在帮助小组长奥尔。大约在凌晨 2 点，我们中的一些人吃了一些小吃后，一个成员开始发言。他谈到父母觉得自己不够好，无论他怎么做似乎都不足以令父母满意。他说着说着便开始哭泣。我能感到他散发出的悲伤。这种情绪开始传染，最后弥散在整个小组。它似乎唤起了每个人的深深共鸣。那是一种深深的被挑剔的感觉。似乎无论我们怎样努力或者尝试，对父母而言我们都不够好，无论怎样努力，总有一些错误在内心深处，使我们注定无法得到幸福、感到满足。我忍不住去共情于其他的小组成员和深深埋藏在他们心中的无望的情绪。过了一会儿，我胸口感到有些沉重。我已经很长时间没有这样的感受了，但我马上记起了它。这是我一直害怕的感觉，是我童年的感觉，一种我恐惧的、抑制着的，无论付出任何代价都想要逃避的感觉。它让我感到可怕。它从每件事中拿走欢乐。如果我开口说话，它会说：“快乐稍纵即逝，而我永远存在，你做的一切都不够，你永远都不可能摆脱我。”我能够看到，几乎其他每个人的感觉都和我一样。我们，在治疗进行了 8 个小时之后，第一次认识到这个事实：我们是在同一艘船上，都有着同样匮乏的童年，都想以同样的方式争取爱。

当他说话时，我开始觉得悲伤。我悲伤是因为我看到自己曾被深深地伤害，而其他的组员也都曾受到同样的伤害。就在那一刻，我想要伸出手，我想要帮助其他的小组成员们，想用某种方式安慰他们，抚平他们的伤痛。他们的伤痛也凸显了我的伤痛，这迫使我承认自己也需要被抚慰。我能够感到自己的伤痛，就在认出我的内在小孩那一刻，我对他感到同情。他是如此困惑，一直受苦。如同我一样，其他的人也曾被深深伤害，我能够感到我眼里充满了同情的泪水。我感到一种极度的悲伤，似乎如果此刻没有人来支撑我，我可能就会崩溃。其他的人也在房间的各个角落哭泣，此时似乎整个房间变换了色调，好像有个光影让一切都柔和了。

由于某种原因，我觉得无法继续坐在小组中，暴露在大家面前。于是，我溜下椅子，向后退了几步，面墙而坐，把腿抬高好让自己放松些。这让我觉得容易些，因为在这里我是独自一人。我闭上眼睛，觉得疲倦。我的脑海中出现了父母的影子，多年来，我一直为自己的不幸责备他们，我不想再谴责他们了。我只想休息，只能想象他们的童年也一定同样很受伤吧。我为他们感到悲伤，但愿他们的父母能够多在乎他们一些。我无法再责怪他们不理解我，没有善待我。想到他们的童年也一定很艰难，责怪他们让我觉得自己渺小卑鄙。我第一次记起了妈妈把我抱在怀里的感觉（这让我自己觉得惊讶），我记得那时候我感到安全。很多年来，我都想不起那种安全的感觉了。

我一定在这样的状态中停留了一段时间。因为当我睁开眼时，我发现其他的组员都把椅子推到两边，所有的人都坐在地板上，注视着我。

奥尔坐在我的右边。我有些吃惊、尴尬，赶紧把目光移开。“主啊”我喃喃道，此刻有人过来搂着我的肩。我想喊：“别碰我，让我一个人待着！”但无法喊出。我紧闭双眼，想竭力抵挡累积已久的一次释放。

我听到一个声音说：“你为什么不放弃，凯思？”是奥尔。他重复道，“为什么不放弃？对父母而言，你永远不够好，你永远无法成为他们想要的样子。就放弃吧。”我无法回答。我又听见他说，“张开你的嘴，说出来吧，说‘我放弃’。”我按照他说的做了。

刚开始，我的话语如此微弱，只有我自己听得到。但是过了一会儿，防线崩溃了，话语倾泻而出，“我放弃。”

另一双手抱住我，我听到其他的声音。我慢慢平躺在地板上，过了一会儿，手脚开始略微有点刺痛，头很轻，有点眩晕的感觉。有人握着我的手，我感到周围充满爱，爱流遍我的全身。我躺在那里一遍遍重复，“我放弃”。我开始感到似乎我肩负多年的重担，正在被拿掉。就在清理的那一刻，我超越了痛苦和孤独，回到了被无条件地爱与接纳的时候。我能感到妈妈的能量包围着我，穿透我，成为我的一部分。就是在那一刻，我认识到，拒绝我的伤痛就是拒绝她，拒绝她就是拒绝我自己。我第一次清楚地看见，拒绝她的能量就是拒绝我自己能量场中一个本质的部分。在身体上，我们是母亲和父亲的产物。同样，在能量上，我们也是他们能量场合成的产物。在我们成长的过程中，我们会把其他的能量频率吸收到我们的个人能量场里。但是忘记如此主要的父母的频率，是对自身能量系统的巨大伤害。

当我躺在地上的时候，我不断轻轻地说“我放弃，我放弃”。我说的次数越多，就有更多的平静感包围着我。我做不了什么——我不能改变任何事。我唯一能够做的，就是放弃，忘记自己曾有那么多的问题，接受事情本来的样子。围绕我的感觉如此安详宁静，仿佛我正沐浴在神圣的能量中。我闭目养神，没有时间或者空间的感觉，只有宁静。我感到奥尔把手放在我的前额上，感觉很舒服，这加深了我至乐的感受。我躺了很长时间，过了一会儿，我觉得我应当一个人待着。

奥尔小声对我说："凯思，别走，告诉我们发生了什么。"

我只能答道："我得一个人待会。"我穿过房间，感到房间里的每个人都是我的一部分，我想要用某种方式触摸他们每一个人。但是我知道，我不能那样做，至少在当时不行。因此我离开了房子，走到院子里，开始慢慢地走向附近的一条小溪。我几乎感觉不到自己在走路。我只能清晰地感觉到碰触我的那些元素，似乎比以往听起来更清晰的流水声，似乎比以往感受更深切的微风。我仰望凌晨的天空，看见了无数的星星，我感到一波一波的能量流过我，那是无法言喻的温暖。一波接着一波，能量的波浪流经我，穿过我。

过了一会儿，我内在的一切开始融化、蒸发。我不再感觉到自己，只是单纯地感受着。我知道自己哭了，就像我这辈子从未哭过似的。我能够看见并感觉到有光穿过我放射。当我坐在小溪边，看着并且看见我一直视为理所当然的事物，我心中觉得感激。我处于宁静中，而宁静似乎超越了我的想象。因为它是令人激动的，它有着脉动与呼吸，而根本不是寂静或沉闷的。它让坐着成为我生命中最令人兴奋的体验。

第五章
爬　山

……对于我们而言，仅仅进入内在是不够的，认识到我们灵魂的本质具有神性也是不够的。我们必须通过知识与爱，将神性发展出来。

——莫顿

《全新的人》

经过两年半的团体治疗，我成为一名治疗师，并在纽约带领一个吸毒治疗小组。做治疗师的工作期间，我开始学习和练习瑜伽、调息和冥想。直到三年后，我遇见我的老师。我跟随他的那段时间，经常在北美洲和中美洲各地出差。他的基本教导是：真正的知识（那些有净化作用的知识）是由大我通过潜意识带来的。为了与大我直接连接，他教我们关注并记起我们曾经是谁。他解释说：一个人，必须没有身份认同，亦即孩童的样子。只有这样，他才有足够的空间接纳真我的出现。当真我出现后，它将主要通过纯洁和感恩这两种方式来表达自己。

我跟随了老师三年。1975 年春，我们在危地马拉待了几个月后，回到了纽约。当我们抵达纽约的时候，他对我说，他已经教给了我他能够教给我的一切，我们作为师生的关系结束了。“从现在起”，他说，“我只能做你的朋友。”他告诉我要应用我的所学，这样做了我就不会偏离“道”——我的人生轨迹。尽管我也独立工作过多年，但他的话还是让我有些意外，我突然觉得失去了方向和连接，感到恐惧。直到那时，我才意识到，我变得多么依赖他。在那一刻我发现，我仍然需要他的支持因为我仍然是分裂的。我觉得拼图中最重要的一块仍没有找到。我们分开后，那种不完整的不安感促使我很快加入了五旬节派教会①。很快，我开始学习成为一名牧师。完成学业之后，我作为传教士前往多米尼加共和国。

我的内在真我

与其他现代基督教派不同，五旬节教派相信，即便是在现代社会，神的恩典（疗愈、奇迹、预言）仍需从圣灵倾撒；当一个人有意识地接纳基督进入他的生活，圣灵就会在这个特定的时刻进入这个人。这被叫作重生经验。尽管我能够接受我在教会学到的大部分内容，但在我成为牧师之前和担任牧师期间，一直令我困扰的是：一次教堂里的信仰表白或者仪式，或者甚至是一次精神宣泄的体验，怎么就能让一个精神死亡的、与基督（宇宙场）分裂的人转变为一个属灵的、重生的人？（重生即重新与宇宙场连接。）也就是说，怎么就能变得能够记起自己曾经是谁、重拾那些被丢失的碎片并体验重聚？我从没明白这个过程。它过于机

---

① 译注：五旬节派教会是基督教新教宗派之一，19 世纪发源于美国，强调直接灵感，信奉信仰治疗。

械了——前一刻，你是个精神死亡的人；下一刻，你就成为一个属灵的人。

当我开始使用祈祷作为工具来打破能量堵塞并与我的内在真我接触的时候，我才开始理解重生和真正的重聚意味着什么。祈祷成为我回忆、重拾和重聚的工具。作为心理和情绪的释放，也为了释放能量堵塞，没有什么能比得上深深的虔诚的祈祷。一旦我开始有规律地祈祷，那些妨碍我体验心理和情绪能量自由放射的障碍就开始瓦解。当我倾倒出最深的恐惧、痛苦和失意，我就找回了自我丢失的那些部分。当我的心变得柔软，第二注意力就变得更加活跃。第二注意力越是活跃，我就开始更多地体验到完整和无条件的喜悦。

但是我的祷告生涯也并非没有危机。现在回想起来，我发现我经历的这些危机总是源于不完整的感觉给我带来的挫败。正是不完整的感觉带给我的不安驱使我前行，它超过了其他任何事物。这种不安驱动了我，因为我有一种深深的渴望，想要感到更加完整，想要与身体和物质世界有更多连接。我厌倦了充当一个梦游者，而对周围的世界没有感觉。随着堵塞的疏通，我的祷告获得了来自内心深处的回应，锁上的门开始敞开。随着障碍的瓦解，我开始体验到来自内在深处的另一个我，它通过我在祈祷。

刚开始，我不确定到底是怎么回事。但是，我知道通过我在祈祷的不是另外一个人，因为我感到熟悉这个人，我感到熟悉这个人在祷告期间表达他自己时，流经我的能量频率。我知道我曾经在童年经验过同样的丰盛，体验过那种觉得自己变得更大、更圆满的感受。当我以这种方式祷告时，我感觉自己遍及周围一切，我和一切事物的关系似乎都改变了。

这是一种似曾相识的感觉，因为在我的意识头脑边缘，我能够记起来自童年早期的类似体验。当我允许我内在的这个人表达他自己的时候，他就变得更强大。每当他表达自己时，能量的波浪就有节奏地流过我的身体，使我充满无以言表的喜悦。这个人以不同的方式显现他自己。他有不同的形态、形式和性格。他表达自己时，有时沉重，有时欢快。当我允许他完全表达他自己时，他很快就融入了我的日常生活。或者更确切地说，是我更加融入了他的生活。在祈祷时他用言语表达他自己，但是他也通过能量，通过开始渗透于我的扩充的自我感来表达他自己。

这个突破拓展了我的视野和自我感。这改变了我的生活。随着这个内在的人开始渗透于我的生命，我的恐惧开始消散，一种内在力量开始充满我，因为我的欢乐来自于内在，而不依赖于我外在经历的变化。最终，我回到了家。最终，我记起了我是谁。通过重拾和重聚，我终于体验到自己是一个整合了的人，是自我的综合，成为了“真我”。

印度诗人泰戈尔在《诗祭》中写道：

> 旅行者必须认识每一扇陌生的门，才能来到自己的门前；一个人必须游走于整个外在世界，才能最终到达内心的神殿。我的双眼望向宽广的远方，而后我闭上眼睛，泪水如千条溪流奔淌，使世界充斥着对“真我”的确信。[1]

进入内在

真我的显现是心理—灵性整合的结果。在一个能量系统没有堵塞和障碍的人身上，真我的显现是一个自然的过程，它不会受到扰乱。它是自然的，不需要努力维持，因为它受到宇宙大我的支撑。宇宙大我是更高的意识，它永远寻求与其创造物的合一。当我在教会时，耶稣成为我的典范，正如东方的菩萨和神的化身。耶稣对我而言是一个鲜活的证据，证明了我们每一个人都能够回忆和重拾我们自己，重聚我们割裂的各个部分，变得完整。

但是，每个真诚的追寻者都必须明白，要达到完整，只有通过看见自己的天性，接受它本来的样子，并给它自由让它可以自然地表达自己。当一个人允许自己有这样的自由，他就把自己从奴役中释放了。如果一个人寄希望于通过向外寻找某个弥撒亚（Messiah，犹太人所期待的救世主）或者某个神奇的方子来使自己达到完整，那么他们的追寻是徒劳无功的，他们不可能达到目标。只有通过向内追寻，一个人才能够再次解放所有那些被囚禁在内的自然能量和力量，那些被他们分裂的生活方式所挤压和扭曲的自然能量和力量，那些本应被自然地表达却只能被反常地表达的自然能量和力量。当一个人开始向内观看，他会很快发现自己的本性和与生俱来的复合性。当他们探寻到自己的根，本性便自然地完整呈现。他们开始发现自己远远超出了所预想的。他们开始发现在每一个方向上他们都给无限的自己设定了界限。

完整的自我

在下文这个隐喻里，一个年轻的婆罗门（典型的追寻者），经年寻找内心的宁静……他寻求从不断遭受的痛苦中解脱。他的同龄人都有着各自的追求，他却只寻求一个目标：从持续的痛苦折磨中解脱。在寻找的路上，他遇到许多人，他们或是同情他的遭遇，或是给予他安慰和建议。

第六章

恐惧和普拉纳

……忠实于真相，免于世俗的焦虑，专注于自我。

——《薄伽梵歌》

如果有恐惧的阻隔，那么“完整”这一心理—灵性整合的目标就无法达成。恐惧是自我设限，它让人变得脆弱、渺小和极度缺乏安全感。它使人在每一个层面上收缩，扰乱人的能量系统，扰乱人与自我和他人的关系。

恐惧有多种形式，关于恐惧的书籍也很多。从根本上讲，恐惧是存在的对立面。恐惧的根源是害怕“不存在”。最根本的恐惧并非害怕死亡，而是害怕灭绝，害怕完全没有爱，这就是完全分离。

当我们经验自己作为一个整体、作为大生态（即可见与不可见的宇宙和宇宙场）的一部分时，我们马上会明白，灭绝是不可能的。秘传哲理[①]

① 赫尔墨斯·特利斯墨吉斯忒斯学说起源于古埃及。我们被告知它是由埃及的智慧之神透特给予人类的。后来希腊人把透特称作赫尔墨斯·特利斯墨吉斯忒斯。他从远古时起就被尊为“众神之神”。如果赫尔墨斯确实存在过，那么他真的是秘传智慧之父。我们无从寻觅他的生命详情，但是传说他是亚伯拉罕的同时代人。无论真相如何，赫尔墨斯给予人类一系列教导，这影响了此后的哲学和宗教。

告诉我们："宇宙作为一个整体，作为部分或合一，存在于大我意识。而我们就存生活、运动并存在于这个意识之中。"[1]无条件的能量放射连接着万物，我们把它称作"大我"。是这个伟大的合一力量穿过各个层面放射。是这股力量齐心协力、建造桥梁、建立连接、把宇宙结合在一起……是合一原理在各个层面把物质、能量和意识结合起来。

作为能量的浓缩，我们是宇宙能量场的组成部分，不能被移除。这就像除非拆开针织物，否则就不能从中去掉编织的一针。如果我们有意识地允许自己自由放射，我们就会有意识地体验到与宇宙场的其他部分连接的快乐。恐惧导致的收缩会堵塞能量的自由放射，我们会失去有意识的安全感和满足感。而安全感和满足感只能从能量的自由放射的经验中获得。当我们失去安全感和满足感的时候，我们会感到真正的分离和孤独。

自由者约翰写道：

> 恐惧与爱（宇宙意识）对立。爱是（能量的）自由放射，是全然地感受。而恐惧是倾向于紧缩人的整个存在。恐惧是倾向于变得分离，把人自己从宇宙能量和意识场中取出。因为……分离导致了缺失联系，而恐惧填满了由此产生的空间。无论何时，只要个体与生命相连……恐惧就不能滋生。[2]

如果恐惧使人停留在分裂状态中，与其他所有人分离；如果一个人相信分离的信条而不相信和体验合一和出于爱的真正的亲密；如果人仍旧与所有他人对抗，并忽略提升永远寻求合一的真我，那么人就会成为一个孤岛，锁在与外在的“他人”和深藏在潜意识中的“另一些自我”对抗的恶性循环中。人就会根本无法相信任何人，也不能相信他们自己。人就会永远极度不安而孤独地生活在无声的恐惧中。

不存在

当我们谈到对灭绝的恐惧，就必须问问自己，我们内在的谁害怕灭绝？是真我害怕分离和灭绝吗？或是自我的其他部分在害怕？当它的存在受到威胁时，便竖起一道恐惧的墙？在有确信的地方，就不会有恐惧。恐惧来源于怀疑，来源于对结果的不确定。真我没有恐惧，因为真我没有经验过怀疑，没有怀疑自己永续的存在，没有怀疑自己与遍布宇宙的宇宙能量场的连接。

因此，真我没有恐惧。因为真我明白，在这个不停转化的世界中，生与死不过是从一种存在向另一种存在的转化，从一个实相到另一个实相。真我的灭绝是不可思议的，因为它知道，宇宙中的任何存有都不能停止存在。它们的外在形式可能会改变，它们的振动频率可能会改变，因而它们的生态进化层级可能会改变。但是不可能有原始的灭绝恐惧，对完全分离的绝望。

在《薄珈梵歌》中，克里希纳对阿朱那王子说，“智者不为生死伤悲。因为无论是我或你，或其他的王子们，无时无刻不存在着，我们将永不停止存在。”[3]

此外，《奥义书》中写道：

最初，存在的只有自我……

他环顾各处，除了自己，一无所见。

他害怕了

所以今天，人独自待着时还会恐惧。

伟大的存有沉思道，

如果没有其他只有我，那么我害怕谁呢？

当他这样思索，恐惧便离开了

因为，说真的，他能害怕谁呢？

因为没有第二个，只有当还有第二个存在时，第一个才有恐惧。[4]

真我是所有自我的合一，它永远融于宇宙之中。它与宇宙的关系正如波浪之于大海（宇宙能量场）。波浪是大海的一部分，因大海而存在，但是每一次从水中上涨，它集聚能量，彰显自我，形成甚至产生能量。在使命完成后，它又回归大海。真我通过直觉进行理解，它通过把自己沉浸在经验中来学习。它碰触经验，也相应地允许自己被碰触。它用这种方式直接而完全地体验。

此外，生存的确定性回避了意识（理性头脑、身体和感觉），因为意识没有根基。因为意识没有融入宇宙能量场，所以它的存在总是受到威胁。它漂在能量场的表面而不是悠游于场中。虽然它就像漂浮于海上的船只一样被场支撑着，但它不属于场的一部分。

因为意识不是宇宙场的一部分，所以当它想要理解任何事物，它必须应用第一注意力通过参照物来检视。它只能根据自己，根据过去的经验来理解其他的结构体。它必须把宇宙分割，通过分析来理解宇宙。就其本质而言，意识见木不见林。它依赖于感官和理性头脑，一次只能理解宇宙的某一个部分。意识可以被认为是一个人有形的部分。它是智力的、理性的。它的主动取向是向着物质世界的。它是行动密集型的——这意味着它的时间和空间充满了“作为”，这包括从思考和感觉到建构和破坏的任何事。

自我同时拥有意识和潜意识。自我在最纯净的状态下，是觉知和能量的关联中心。

自我

人与世界的连接点是自我。自我起源于意识的本质——以“我”为中心，视一切“我”外之物为“他”；同时，自我也源自潜意识的本质——真我，经验万物为宇宙整体的一部分，万物一体，没有自他分别。

当自我停留在意识和潜意识的中点，同时参与两者时，它觉察到自己存在于大我之中，并且，像真我一样，它与大我的这种连接永远不会断裂。

但是，如果自我完全在意识中发展，这当然会使它困惑。因为如果仅仅在意识中发展，自我就会失去和宇宙连接，失去令它安全的根。

当自我仅仅停留在意识中，它也丧失了它的自然功能，它不再是意识与潜意识、理性与直觉……有形与无形世界之间的桥梁。

这正如下图所示。

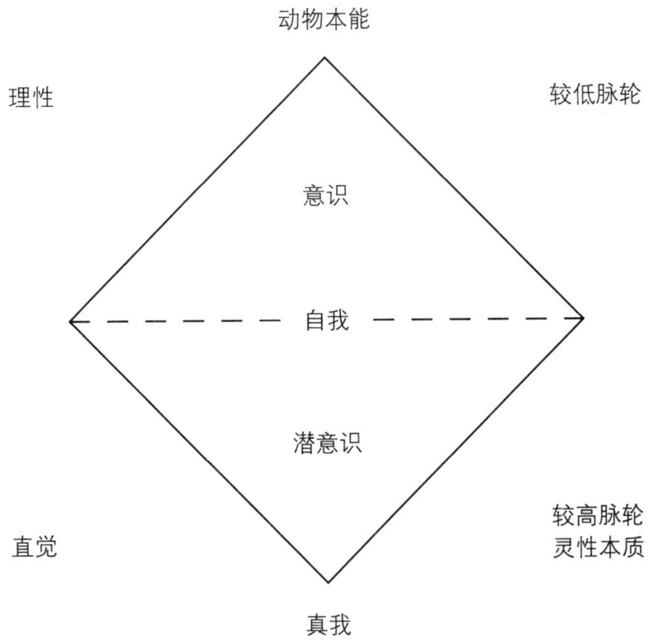

如果自我困在意识中，真我通过潜意识进行的自由能量放射也会受限。此时，一个人会仅仅认同于他的意识，因为他的自我——他与外显世界的连接，完全陷于意识之中。这自然而然地使一个人感到恐惧，因为他失去了对他自己的永恒部分，也即真我的觉知。因为没有深入潜意识的根基，处于这种状态下的人，他的一切都被我执驱动。一切都流于肤浅。

因为没有植根于潜意识中，一个人就与潜意识中的自己隔绝了。这时候，人似乎被自我掌控了，但是，更确切地说，是他的自我被意识掌控了。意识认为其余的宇宙，包括真我在内，都在意识之外，是令其恐惧的、是与之分离的能量和与之分离的觉知中心。因为意识害怕灭绝，所以它要捍卫它的独立身份，它会用它的力量排除真我，努力霸占自我。

抽离

意识利用恐惧来保持它优势的地位。每当意识面临威胁，每当真我试图通过自我彰显，意识便竖起一道恐惧的墙。一个人越认同他的意识生命，这个策略就越有效。在大多数人的生活中，这个策略如此有效，以至于只需提出威胁要使用它，就足以把真我囚禁，让真我处于意识的沉重枷锁之下。但是，意识所挥舞着的恐惧主要来自于依赖和欲望，而这正是恐惧的主要弱点。一个人对于意识生命的依赖越重，他的需求和欲望就越多，他的行为就越是被恐惧所操纵。

一旦人们打破了依附的习气，开始心理—灵性整合的过程，允许潜意识的部分浮现，他们便可以挣脱恐惧的掌控。他们可以把自己植根于真我之中，突破欲望和恐惧的循环。这种新的态度可以形成，因为他们体验到更伟大的真实，经验更大的安全感，因此，欲望和恐惧便迅速失去了影响力。

一个达到了抽离的人，不会被恐惧胁迫而屈从于意识的权威。因为这个人被他内在的源泉所滋养。他的需求通过别的途径被满足，他看到了自己存在的根本，看到了自己是完整完全的，他持续地体验无条件的爱从宇宙场流入他自己，这样，意识就无法再向他提供任何有价值的东西。

无惧

一个完全的人不被恐惧所控制。他的一举一动都昭示着无畏，不是以语言而是以他的整个举止：只要看见他，就能看出他是无畏的。无惧，并非对自己假装勇敢或是意识层面的勇气。确切地说，当一个人征服了对灭绝的恐惧，就摆脱了任何形式的恐惧，以至于他无法再体会到恐惧的滋味是怎样的。

以下这段话出自17世纪中叶的《叶隐》：[①]

田岛柳生是幕府时代德川家族的伟大的剑士和老师。一天，一个幕府的私人卫士想要跟他学击剑。老师说："我观察到，你似乎本来就是击剑大师。在我们成为师生之前，请告诉我你属于哪个门派。"

卫兵说："很惭愧，我从未学过击剑。"

"你想欺骗我吗？我是幕府阁下的亲教师，我明察秋毫的眼睛从未看错过。"

"我很抱歉冒犯您，但是我真的不懂击剑。"听了这样坚决的否认，大师想了想说："既然你这样说，那应该是事实吧。但我确定你在某件事上是大师，只是我不知道那是什么。"

"如果你坚持这样说，那么或许在一件事情上，我是完全的大师。当我还是个小男孩时，突然有了一个想法——作为一个武士，我在任何情境下都不该怕死。在与死亡的问题格斗数年之后，现在，它已不再困扰我了。但愿这就是你所指。"

"正是"，田岛叫道："这正是我所指。我很高兴我没看错。因为剑术的终极秘诀也在于放下对死亡的恐惧。我一直依循这样的道路教导我的几百个学生，但他们还没有一个人够格成为剑士。而你不

---

① 译注：《叶隐》（Hagakure，日文汉字"叶隠"）是日本武士道的经典。"叶隐"如树木的叶荫，在目不可见处为君主舍身。《叶隐》表现的武士道精神是果断地死，毫不留恋，毫不犹豫地死。

需要任何技术训练，你已经是大师了。”[5]

征服恐惧，是武士掌握剑术的基本要素。同样，诚实勇敢地面对自己的恐惧，是通往合一之路的第一步。

安吉拉的故事告诉我们，如果一个人勇敢地直面自己的恐惧，将会发生什么。

“在那，就是它，你找到它了，待在那儿。你正在体验完整。”我正坐着跟凯思谈论着我的那些让自己远离真正的生机和喜悦的态度和伎俩。对于他的欢呼，我的第一个反应是，“这就是他所谓的完整？每个人都了解这种状态和感觉，不可能就这么简单啊。”

在那一刻，我感觉非常强大，既强大又柔软。这种感觉真的像是我——那个久违了的我。我先是感觉到充满力量和自信，接着就远远超出了这些。

我感到有一种内在的光芒。那是一种提升的感觉，与此同时，又已经深深扎根。那正是感到自己不断扩展，充满了整个空间。这种发光的感觉如此强烈，以至于我不得不将它倾倒出来。那一刻，内在绝对地宁静，但同时也充满闪耀的能量。我的存在向我打开了一个新的维度。就在几个月前，我还不知道成年人也可以有这样的感觉。在我遇见凯思之前，我几乎都感觉不到我的身体，更别说源自内在深处的欢乐了。我的身体不过是一堆整体移动的物质罢了，至于内在感觉，我从未体会过。我从未注意过身体内部的感觉，它完全的麻木黑暗，这就是我所知的一切。

通过定期做凯思推荐的练习和开始关注身体内部的变化，我才逐渐发现原来我们的身体可以如此敏感。然而，我的苏醒，或者更好地说，我身体的完全苏醒直到那个晚上才发生。那时，我感到体内的呼吸、脉搏、振动、略微刺痛……那种感觉愉悦而兴奋。我不再感到紧缩和害怕。我的怀疑被转化为喜悦。许多年来，这是我第一次向周遭伸出手。那时，我才能清晰地看见人与人之间彼此影响的程度。当我做回真实的自己时，我能够有意识地觉察到他人传递给我的信息。人与人之间一直都在交流，只是我们通常对此没有觉察。既然现在我能够感受到自己，我就能够有意识地向他人投射能量和信息，能够有意识地用无声的语言向另一个人敞开和交流。这种交流方式非常美妙、激动人心。

另一个真正奇妙的变化发生在大脑。通常，我的大脑总是一刻不停，忙着思考、担忧、疑惑、恐惧等等。然而从那一刻起，我开始用我的全部来感知，我的头脑就变得异常清晰。我第一次认识到，我并不需要那些思绪飘过我的头脑。

在我进入完整状态的那一刻，我明白了那种状态的所有特性。在那之前，我在智力的层面上理解什么是完整——没有恐惧地活着、在所有的时候都能做真实的自己——但是，我也有一个误解，以为一旦你获得完整，你就拥有它，不会失去它，就像是进入一个安全的港湾，在那里，所有的恐惧和焦虑都不复存在。我能够从各个方面看待完整，能够在理性上理解它，但我从未由内在感觉到它。现在，我成为了完整。每一件事物看起来都和原来一样，却又都已经改变了。仿佛一层面纱从我脸上揭开了：我看见，在一天中的每个时刻，我们必须选择放射，做全然的自己。

我们都了解这个状态，但我们选择任由它去。因为用老旧的方式生活更舒适、更容易。对于我，我曾经选择了做一个“乖女孩”而不是做我自己。只有在经验了完整之后，我才清晰地见了，过去的模式如何植根于我，塑造了我的生活。在我的内心深处，感觉自己是不可爱的、感觉自己不值得成为自己所是的任何一点。我总是感觉我必须做些什么来让自己值得拥有一些什么。那时，爱不是无条件的，不是愉快的，不是给予，而是有条件的、苛求的、占有性的。仅仅存在是不够的，为了得到爱、感觉到爱，我必须有所作为。

在日常生活中，这对我来说意味着，我的自我价值和满足感不是来自内在的。相反，我必须向外寻求它，即从与他人的关系中寻求它。我不得不克服被拒绝和被评判的恐惧。可是，一旦我克服了我的恐惧，生活变得难以想象的激动人心、神奇和欢乐。

第七章

再次绽放

孩子们不会轻易放弃与生俱来的想象力、好奇心和幻想，你必须爱他们，才能使他们放弃。

——莱因

泰戈尔，印度伟大的神秘学家和诗人写道：“那个人，被我用我的名字囚禁起来，正在监牢中哭泣。我一直忙于建造这包围一切的围墙。当这围墙一天天高耸云端的时候，在它的黑影中，我再也看不见我的真实存在。我以这座伟大的高墙为傲，我用灰尘和砂石把它抹严，唯恐这名字上还留有一丝缝隙。我煞费了苦心，再也看不见我的真实存在。”[1]

由于恐惧导致的堵塞和分裂，大多数人都失去了经验无条件的喜悦和与宇宙场的合一。一个人能否体验无条件的喜悦取决于人能否接触到潜意识，接近潜藏其中的多个自己。

柏拉图在他的《斐德罗篇》中说，人的灵魂被囚禁在他的身体（和意识）之中……就像一只牡蛎在它的壳里。伊丽莎白·海奇告诉我们，

“从自我进驻身体时开始，身体便发展出阻抗力，这对应着身体里灵魂的意识的平均程度。”[2]

失去无条件的喜悦、失去与宇宙的连接，开始于童年早期。研究表明，能够导致分裂和失去无条件喜悦的痛苦和恐惧甚至可能开始于妊娠阶段。阿瑟·诺夫博士写道，“在出生之前和之后的生命中所发生着的，是有压力正在肌体上留下印记，正在形成一个原始的池子，这个池子有一天会满溢而成为症状”[3]，即分裂。胎儿（在潜意识层面）会觉察环境的变化。这包括物质环境——母亲的子宫和身体，也包括心理环境，这很大程度上包括母亲的内在环境——母亲的能量水平、情绪成熟度、她的压力水平以及她的心理和情绪状况。

共生关系

因为胎儿、后来是婴儿，如此依赖母亲的身体和心理状况，我们可以说，在出生之前和出生之后的几个月中，母亲和孩子在身体上和能量上有着共生关系。合一存在于或者应当存在于这二者之间。然而，这种合一也会被破坏。结果这会破坏孩子的个人能量场以及他与宇宙场的关系。一些看似无辜的因素，例如母亲的态度，也会影响到孩子与母亲的能量连接。当孩子还在子宫里的时候，母亲的感觉就能在能量上影响她未出世的孩子。

诺夫假设胎儿，特别是发育后期的胎儿所体验的知觉是感觉的前身。而且，母亲所经验的灾难性的感受将会在人际和能量的层面破坏母亲和胎儿的关系。在出生前和出生后短期内，孩子的能量系统完全和母亲的能量系统是一体的。而且，孩子对世界的主要经验都通过母亲能量系统的过滤。

怀孕

如果在孕期、阵痛和分娩过程中，新生儿经验了心理刺激或者身体刺激带来的压力，这将来都能够发展为成年精神官能症。

怀孕期间，由于母亲荷尔蒙系统失调产生的影响，能够引起胎儿的变化，可能有终生的影响。胎儿的这种变化，能够决定一个孩子会是多么被动或者坚定自信。它能够影响孩子的意志力、关系的品质，塑造他的自我形象。这些实际问题反映了孩子的精微能量系统的失衡。这表明，即使在出生前，孩子也可能形成能量堵塞、阴（女性）和阳（男性）能量不平衡，或者精微能量系统受损，以至于不能分配、储存和感应能量。它甚至可以影响到孩子会是右脑主导还是左脑主导，亦即他会是直觉型的还是理智型的。

研究表明，母亲的荷尔蒙系统失调（这可以由恐惧、焦虑或者感情压抑导致的情绪压力而引起）与孩子的攻击性或被动性有关。有一项研究给予了怀孕的灵长类动物雄性荷尔蒙，结果，其后代比对照组更具有攻击性。

这种攻击性的行为保持了一贯性，并且持续到整个成年期。在另一项研究里，雄鼠在出生后立即被注射雌性荷尔蒙激素。它们获得了雌性行为特征，并且持续到它们的整个生命期间。另一组雄鼠在出生后几个星期被给予雌性激素，它们同样会经历持续的雌性化。

分娩

分娩的时刻对孩子至关重要。出生这一刻的经验深刻地影响着孩子的能量系统、关系和将来的发展。

孩子选择来到这个世界的时间并非随机的，它取决于胎儿与母亲的能量场的关系，以及胎儿与宇宙场的关系。因此，准确的出生时间，是有着不同律动的能量场之间相互作用的结果。这些律动里，有一些是生物的，也有一些是精微的律动，它们取决于精微能量的起伏。

研究已经向我们表明，所有等级的生命，从细菌到废石、从猫狗到狒狒和人类，运作的节律以及由白昼与黑夜时间加诸我们的休憩，都合乎其细胞自身固有的节律。这在很久以前就为先贤所知。赫尔墨斯第五条公理说："万物都在流动，流出流进；万物都有潮汐，潮涨潮落；摇摆的钟摆显现与一切之中；向右摇摆的幅度就是向左摇摆的幅度；律动相互抵消。"[4]

近代生物学家盖·鲁斯告诉我们："非常明确的是，健康的生物不只有内部节律，它们也与所处的环境合拍。"[5]

分娩的过程也同样受制于宇宙的节律法则。但是，从工业革命之后，西方社会的女性已经越来越远离那种低等动物的自然分娩节律，越来越远离她们曾多年来本能地遵循的自然流动，忘记了自然的节律。如今，女性被教导如何生孩子，结果她们的自然节律被破坏了。在孩子选择来到这个世界的那个重要时刻，这种方式也破坏了母亲和孩子之间的关系和能量流动。

此外，大部分妇女去医院等待分娩时，必须要立刻使用药物，这样，她们可以变得麻木，也不必参与孩子出生的过程。她们被降到一台机器的水平，她们不能做出自然的回应，她们的自然节律被破坏了。更糟的是，由于使用了药物，她们不能感觉到自己的身体，也不能感觉到婴儿的身体。因此，她们的孩子无法像没有给母亲用药时那样，得到母亲的意识和潜意识的能量支持。甚至在婴儿出产道之前，他的自然节律，他与母亲的能量场和宇宙场的关系就已经被破坏了。在出生的那一刻，婴儿从母亲和母亲的能量场给予的安全和温暖中被拽出，他对物质世界的第一个经验就是分离的痛苦。

诺夫告诉我们母亲在分娩时的状况（如果她被施药或者感到紧缩）……“对胎儿来说是一种困境。他必须克服它才能生存。在他进行第一次呼吸之前，他就在抗争。无论母亲的头脑里有多少实例，无论母亲受过多么好的分娩训练……如果母亲关闭了，如果这些抑制被紧张的肌肉组织调节，那么在分娩中，当疼痛来袭时，肌肉组织（这包括子宫和阴道）会自动做出压制的反应。”[6]

诺夫把这种症状称为出生创伤。出生创伤可以在能量上对于孩子有毁灭性的影响。分娩时，婴儿第一次离开母亲身体和能量的包裹。如果一出生，孩子就被从母亲身边带走，损害最严重。因为孩子独自处于母亲的气场之外。当孩子被带离母亲的距离超过二十厘米，孩子就处于母亲的以太气场①保护伞之外。当孩子处在母亲的以太气场之中，在潜意识里，有一股有节律的爱和情感的能量从母亲流向孩子。如果孩子被带到母亲的以太气场之外，他就失去了和母亲的情感接触。当孩子被带离母

① 每个人都有三个围绕着身体的气场：以太气场、心智气场和灵性气场。它们是精微能量库，是人的个人能量场的一部分。

亲的距离超过 2.5 米，他也将失去和母亲的心理连接，因为处于母亲的心智气场和心智场之外。在这种情况下，母子间没有潜意识和心理层面的接触，除非母亲直接想着她的孩子，否则也不会有显意识和精神层面的接触。当孩子处于母亲的情感精神气场之外时，母亲必须有意识地在情感上和精神上向孩子伸出手，才能保持彼此的接触。孩子无法这样做，因为他还没有发展出这样的能力。如果母亲被麻醉了，她将不能够保持与孩子的接触。如果母亲是自我中心的，或者心有恐惧，在孩子被带离之后，不去有意识地向孩子伸出手，这将会加深孩子分离、孤独、和痛苦的初次经验。

如果痛苦太过剧烈，将会超过孩子的能量系统所能承载的负荷，那么这个孩子将不能够处理和释放他所体验的悲惨的感受。

婴儿期

如果由于父母之一的能量系统堵塞，而导致婴儿与其父母的连接在出生后被破坏，婴儿的个人能量场将被持续干扰。这对婴儿的自我发展会有负面的影响，因为自我发展应该深深地扎根于潜意识中。如果自我主要在显意识中成长，那么孩子将永远不能获得情感的完全成熟，这会导致他们将来无法拥有成熟的关系。这甚至会妨碍他们理解自然、成熟的人类关系是什么样的。

下面这个关于 F 的故事让我们了解当正常的自我发展被破坏时，一个人必须克服的困难。

我母亲是个未婚妈妈，我父亲是个酒鬼。我母亲在单身妈妈之家生下了我。

我两岁时，在生下她的第三个孩子之后，妈妈结婚了。我和妈妈、继父还有妹妹一起过了一段时间的家庭生活。但这只是很短的一段时间。然后，我的妹妹就被交给了一位姨妈，我被交给了我的祖父母。后来我被送给了养父母。作为一个孩子，我非常困惑，不知道我属于哪里，我应当信任谁。我非常野，难以相处。我的养父母带了我一年，而后他们决定不再抚养我。童年的我有言语缺陷，而且总是做噩梦。

读到三年级后，老师和我的父母认为我无法跟上正常的教育，我应该去儿童之家。在那里，我学习生活了大约一年。在我 15 岁时再次与母亲和继父共同生活之前，我就这样被送来送去。我童年时的愤怒和攻击性，渐渐变成了青春期的抑郁。到 15 岁时，我就开始服药。后来的两年中，我觉得很不安定，经常变换住所。大部分时间，我都在服药。有一天，我试图自杀，结果导致背部受伤。这之后，我被送到叛逆女孩收容所。在那里，他们试图指导我回到正常的生活。后来，在我所居住的城镇建立了一个治疗社区，我就被带到那里。刚开始时，我充满了怀疑、野蛮和暴躁。我被告知只有两个选择：举止得当地留在这个社区中，或者被送去少年监狱。我决定留在这个社区。一小段时间后，我的生活开始有了真正的变化，因为我被迫和其他人住在一起，在小组治疗中和他们谈话。我在这个社区生活了三年。在那期间，我才认识到生命值得继续。后来，我遇了一个男人，爱上了他。但是我的猜疑、嫉妒、对被拒绝的恐惧，和占有欲如此强烈，使我最后毁掉了这段关系。

1985 年，有人给我介绍了一位在欧洲执教的美国治疗师。些许犹豫之后，我决定成为他的学生，以便更多地学习他的脉轮和能量工作。但是，即使我开始与他一起工作，我仍旧依照我的旧有模式行事。我花了很长时间才认识到，一个精神导师没有固定的结构和模式。每件事都是开放的，每一天都是新的一天。但是我执着于依靠某一个情势、环境来给我安全感。而他拒绝给我这些，于是我就开始把自己的悲苦投射于外，让别人为我的不安、恐惧和绝望负责。

我越来越强烈地感到自己似乎被撕成了两半。我渴望进入那种绝对的奉献、爱与抽离的状态。但是与此同时我也知道，我无法敞开，因为我害怕被拒绝。我无法承认自己爱着某人因为我不信任自己的感情。在几周的困惑之后，我去找凯思，他告诉我，走出我个人危机的唯一办法就是打破能量系统里的堵塞。它们妨碍了我无条件地爱自己。他告诉我必须检视自己的态度，对他的、对能量工作的、对我自己的态度。我熬了好几个小时，反复地问自己：他的话是什么意思？我试图弄清楚我的动机和态度是什么，它们来自哪里。最后，我到达了一个点，在那里只有一种选择：放下过去，活在当下。

于是我开始规律地进行冥想，开始留意我承载自己身体的方式，留意我感到紧张的部位，关注我的能量是否在正常地流动。不久，我就感到了整个能量系统的改变。我感到我的心打开了，更容易对他人做出适当的回应。我重新发现了那种我一直渴望的爱——那种凯思告诉过我的，当我通过做完全的自己而重归完整的时候，就可以得到的爱。

哺乳期

婴儿与母亲的连接和关系取决于能否顺利地从母亲那里获得身体和精神的滋养。如果孩子不能在能量上自由地与母亲互动，如果婴儿不能把自己的需求投射给母亲，他的能量系统就会被破坏。在哺育方面，婴儿天生就有吸吮的需求和能力。如果母乳喂养不充分，或者根本没有母乳喂养，那么孩子可能会因为没有获得充足的吸吮时间而在心理和能量上受到伤害。这会干扰流经孩子的双肩、脖子和嘴的能量（双肩、脖子和嘴的区域是由第五个脉轮掌控的）。没有充足的吸吮时间以及在吸吮时没有得到抚慰所带来的痛苦会在婴儿的第五个脉轮里引起收缩。这种收缩会被传递到身体里，就会变成肩、颈、喉和嘴部肌肉的收缩。身体的紧缩将导致能量的进一步受限。第五个脉轮的收缩严重影响孩子，因为第五个脉轮控制着自我表达，包括语言和非语言地表达思想和情绪。它也控制着身体的整体表达。它还掌控着孩子自主、愉快、有节奏的运动。此外，第五个脉轮是一个分水岭，在这里，所有来自下半身的感受都被转化为喜悦。如果第五个脉轮在婴儿时期受损堵塞，孩子长大后就不能处理（转化为喜悦并释放）强烈的痛苦、恐惧和愤怒感受。结果，这些感受滞留在精微能量系统里，形成痛苦、恐惧和愤怒的能量库。它们被筑墙隔离并导致分裂。婴儿处理感受的困难越大，（长大后）孩子就越容易负担过重，就越是变得内向。在最极端的情况下，孩子有两个选择：或者他会进入一个虚幻的世界，在那里，每一个痛苦、恐惧的情形和愤怒言语都被放大到孩子无法处理的程度；或者他会彻底分裂为多重人格。在这多重人格中，多个“自我”完全独立运作。当多重人格轮换时，孩子的脑波模式、左右手习惯、甚至过敏状况都会跟着改变。治疗师曾记述过多重人格患者的奇异症状。一位治疗师记述了一位女患者每个月有三次生理期，每一个对应于一个自我。另一位患者需要在人格转换时佩戴不同度数的眼镜。[7]

心理健康自然研究所的精神病专家、心理学家法兰克·潘传木说："当多重人格患者从一个人格转换到另一个人格时，其变化之大，就像从一个人变成另一个人一样。"[8]

如厕训练及其他

如果婴儿的自由能量放射在如厕训练时期被干扰，位于脊椎底端的第一个脉轮的能量流动往往会受损。第一个脉轮使人能够扎根于大地，并感到基础的安全感。当第一个脉轮的能量受阻，与生存和安全感相关的能量频率就会受阻。如果孩子不能从内在感到安全，他就会将生命花费在向外寻求这些感觉上，往往是通过获取食物、财产等等，来让自己感到安全。

如果父母没有给孩子足够的感官刺激，如果父母难以感觉到他们自己的身体，或不善于表达感情，如果孩子没有得到足够的拥抱，或者孩子被允许哭着直到睡着，那么第二个脉轮就会受损。第二个脉轮受损将使孩子难以感受到他自己的身体，在一小段时间后，他就会在身体上变得不敏感和麻木。在这种情况下，孩子习惯于养成被动的个性。而身体的麻木往往会驱使孩子去过一种追逐感官快乐的生活。这会倾向于把人仅仅看作是一些有用的物体，用来满足欲望。当第一个脉轮或第二个脉轮受损时，一个人就会依赖于向外在的世界寻求幸福。他会尝试做任何事来弥补自己内在和精微能量系统里的感觉缺失。当带来快乐的事物被撤走，就会感到深深的空虚。这种空虚源于身体缺乏感觉和能量的缺乏。因为性能量和昆达里尼[①]都受到了限制。这种能量损害可以始于从出生到青春期之间的任何时候。在青春期，这种损害往往更严重。因为在性成熟的时期，性能量的流动也更强。青春期的能量受损能够导致各种性功能障碍。因为第一个脉轮和第二个脉轮的堵塞会阻止性能量正常地流经第二个脉轮以及流经适当的通道。

有条件的爱

随着孩子长大，他越来越独立。他变得不那么依赖母亲和她的能量系统。孩子开始探索他的世界。他先是与其他的家庭成员接触，而后与家庭以外的人们接触。原生家庭中的问题会影响孩子的能量系统，影响孩子保持完整的能力，影响孩子与家人以及日后与朋友、同事、配偶和孩子建立亲密关系的能力。如果父母给予的爱是有条件的、合约式的，即，如果你乖，如果你漂亮，如果你也爱我，那么我就会爱你。这样的爱给出了一条隐藏的信息。那就是："你本来的样子不够好。"对于孩子来说，没有比失去父母的爱更大的灾难了。孩子越小，失去父母的爱就越是灾难性的。当孩子被迫在失去父母的爱，还是拒绝某一部分的自我之间做出选择，孩子往往会迎合父母，拒绝自我中不够"好"的那一部分，而不会选择失去父母的爱。

拒绝自我的一个基本的部分会深刻地影响孩子的能量系统。这会阻

① 昆达里尼是位于脊柱底部的蛇能量。它被认为是一个人体内最强大的精微能量流。

碍来自显意识和潜意识的能量自由放射，会帮助创造出“小恶魔”“他人”。这些“小恶魔”和“他人”先是被父母排斥，而后被孩子自己排斥。问题在于，这些恶魔之所以成为恶魔，仅仅是因为他们被排斥，而没有获得爱。它们越是被排斥，就会变得越黑暗，越是会折磨当年的那个孩子和之后的成人，直至它们最终被放出那个囚禁于潜意识的牢笼，被接纳，被给予它们所需要的爱。

愤怒

家庭中的愤怒，即便不是指向孩子的，也会损害孩子的能量系统。愤怒，像爱一样，是一种向外的放射。然而，它很少被恰当地表达。它常常带着评判的声音，比如，你坏，你有什么地方不对劲。如果愤怒自由放射，它将仅仅是一时的能量爆发，只会表达愤怒者的不快。它听起来会是类似于“别再那样做了”或者是“我不喜欢你这样做”。因为它很少被这样表达，所以就导致那个发怒的人、那个被发怒的对象以及处在这个扭曲能量场中的其他人都紧缩。由于不恰当地表达愤怒，父母把孩子置于一个扭曲的能量场里。这在无意间损害了孩子的能量场，损害了他们和宇宙场的连接。如果父母彼此憎恨，如果他们常常处在愤怒和敌意之中，孩子就会被困在这个扭曲的能量场里。当孩子重复地经验这样的场景，他就将学会限制能量的自由流动。因为在能量流出的过程中，他会遭遇阻碍，这令他痛苦。这样的情境最终会毁掉孩子信任的能力。

信任

信任是一种潜意识的觉察，觉察到能量的自由放射是安全的。信任的能力让人能够不受旧有的恐惧阻碍，自由放射能量。它让人感受到绝对的安全。信任的坍塌会让一个人变得孤立或依赖，因为他试图在一个令他感到敌意和危险的世界寻找安全之地。很多人都没有意识到自己缺乏信任的能力。

如果父母中的一方或双方在互相争夺权力时利用孩子，一个孩子的信任就会被粉碎。家庭中的权力斗争是个不祥之兆……预示着夫妻间爱与信任的瓦解。“在爱统治的地方，没有权力的欲望；在权力欲至上的地方，缺乏爱。一者只是另一者的影子……”[9]

通常，孩子视父母双方为保护者。但是当父母之一变成孩子的对手，父母与孩子间的能量流动就会被破坏。这会破坏孩子的自由放射能量。由于父母之一造成的敌对状况，孩子往往会以火攻火，维护自己的权力，选择权力而不选择爱。从长远来看，孩子不可避免地要为此受苦。而且，往往在他们成年以后，发现自己也会发起这种“权力斗争”的游戏。这些都是童年时从原生家庭学到的。没有什么能改变这种情况，除非有人打破那些限制他们的能量正常流动的堵塞，让能量再次自由放射。

如果随着孩子的成长，他的自我发展没有植根于潜意识中，那么，他的权力欲就会增强。当能量流经精微能量系统和身体时，由此而来的愉悦感会变得迟钝。他会成为一个感觉迟钝的成年人。随着他周围的气场的减弱，权力欲甚至会让他变得更加脆弱。因为他的精微能量系统不能转化和派发足够多的健康能量。在这种情况下，孩子发现自己与真我割裂，他变得仇视生活……特别是他自己的内在生活。

一个无法触及潜意识的自我是危险的。它悖逆真我，悖逆自我的合一，试图通过制造夸大的自我感觉来抑制真我。它试图创造一个占主导地位的“我”，并仅仅认同于这个“我”。自我仅仅植根于显意识的自我，侵占了真我的位置，将个体封锁在线性宇宙之中。在这里，一切都是肤浅的，没有深度、没有真爱。

天真

童年通常是一段奇妙的时光，因为尚未发展完全的显意识还未完全侵占真我的位置，还未剥夺它的工具、直觉和潜意识的觉知。

在瑜伽传统中，孩子生命里的第一个七年被称为天真快乐的七年。通常，能量通畅地在第一个至第七个脉轮间流动。没有或很少有分裂的情况发生。因此，孩子享受着与宇宙大我的合一。他过着天真的生活，完全处于当下，并不真正地理解过去和未来。

所有的孩子，都或长或短地安歇于潜意识里与宇宙的合一之中，享受着其中的滋养。耶稣了解孩子的优势，因此他说：“让孩子到我这里来，不要阻止他们，因为在天国的，正是这样的人。”[10]但是，当孩子发展出独立的身份，当“我、你、我的、你的”等概念进入到意识里时，显意识就发展了。而一个孩子的自我植根于显意识的程度，也就是他失去宇宙连接的程度。未能保持显意识与潜意识间的平衡，而进入显意识的代价，就是失去和宇宙大我的有意识的连接。

引用《圣经》的比喻，我们可以说，只要孩子维持在潜意识的状态，只要他的能量自由流动，真我能够完全表达，他就与上帝同在，并住在伊甸园里。然而，一旦他经验了自己独立的身份，他的整个融合便被打破，他就被逐出了伊甸园，远离了他婴儿般的恩典。正是从分离的这一刻起，恐惧开始了。随之而来的是“他人”，以及潜意识的觉知——分离，活在大我之外，意味着灭绝。

这种情况下，孩子非但不会重新寻求合一，他通常会采取正好相反的行动。他开始仅仅认同于显意识的自我。显意识控制了自我，并力图完全消灭对过去的潜意识的天真和恩典的记忆。然后显意识的自我，试图取代真我的位置。它粉饰它自己和它所存在的二元状态。它甚至否认在二元性以外有任何事物存在。结果是，孩子远离了天真，由此开始了一种努力的生活，其中的行为主要源自显意识的驱使。

当一个人的行为主要受显意识驱使时，这些行为不能得到来自内在深处的共鸣，不能得到来自他存在的中心的共鸣。因为没有植根于真我，这些行为也没有深刻的意义。由于丢失了满足感和安全感，结果所有的行为都源于欲望和恐惧。然后，行为变成了努力追求一个人想要的东西，以便用这些东西来缓解痛苦或者帮助人回避痛苦。

仅仅是真我的存在，就能加剧痛苦。因为它不断提醒一个人，让他记起自己的分裂和肤浅。因此，也不断地对显意识及其地位构成威胁。显意识将使用任何可用的武器来捍卫自己、抵抗真我。为了保住自己的地位，显意识将无所不为。

下面这则关于仆人的寓言完美地隐喻了这场苦斗：

33　有一个房主（真我），种植了葡萄，修建了葡萄园，安放了榨酒机，建造了一座塔，把一切交给农夫（显意识）照看，然后去了一个遥远的国度。

34 当葡萄成熟的季节来临，他打发仆人去农夫们那里收获果实。

35 农夫抓住了那些仆人，打了一个，杀了一个，用石头扔另一个。

36 然后他派了比第一次更多的仆人去，但农夫仍旧那样对待他们。

37 最后，他派了自己的儿子去，并说，他们应该会尊重我的儿子吧。

38 但是，当农夫们见到这个儿子时，他们彼此议论道：这个应该是继承人吧，让我们杀了他，再霸占他的财产。

39 他们抓住了他，把他扔出葡萄园，杀害了他。[11]

若想超越自我主要根植于显意识中的生活，获得与真我的合一，一个人就必须直面恐惧——对自我中不被爱的“他人”的恐惧。通过心理—灵性整合的工作，囚禁在显意识中的“小恶魔”们可以被释放、被整合。这项工作开始于一个人直面他的恐惧，并且足够诚实而勇敢地承认这些“恶魔”的存在之时。带着勇气，一个人可以接纳这些“小恶魔”，并重拾它们。通过重拾，一个人可以拥抱它们，让它们与自我的其他部分整合。这种重聚使人回到孩子般的状态，重新变得完整并获得无条件的喜悦。

第八章

对自己真实

我们要怎样才能如其所是地看见自己的面目，听见自己的声音呢？或许，在炼狱之中会有这样的可能吗？

——路易斯

《圣歌的回响》

先决条件

只有当一个人诚实而有勇气进行工作时，心理—灵性整合的工作才能成功。诚实是指愿意如实地看见事物真实的、而非如你所愿的样子。勇气则是愿意接受你所看见的真实。我在工作中发现，要做到诚实、有勇气，对大多数人而言是相当困难的。我们社会的习俗和规则、不想伤害他人的愿望、想被接受的渴望以及潜意识想看见事物比真实更好或更坏的需求，都会让一个人变得恐惧和不诚实。

人们选择不诚实的原因很多。有时候，不诚实更容易些——尤其是在被认为危及一个人的安全和利益的情况下。显意识为了维持现状，决定选择不诚实是更加明智的。但大多数情况下，人们欺骗自己和他人，是为了避免体验他们无法承受的能量。尽管客观上，能量越多越好，因为能量是健康身体、健康关系的重要构成，而且，能量让我们经验无条件的喜悦。但是有一些人发觉，如果他们过于健康、过于快乐，那么他们的生活、工作和关系网络就会受到威胁。一个人的生活状况、关系品质、个人力量、他的工作和健康，都取决于他的能量水平，以及他自由放射各种能量的能力。实际上，每个人的生活都被合理地建构，以配合他所设定的个人能量流动限度。通过改变能量水平和能量放射的范围，人就能改变他与世界的关系（一个人的外在状况总是内在状态的显现）。任何个人能量水平的提高，正如泰戈尔所说，对于一个“曾经建筑围墙的”人来说是危险的。出于这个原因，当需要在诚实并有更多的能量和自欺并维持现状之间做出选择时，大部分人会选择维持现状。

阻碍流动

大部分人选择不诚实，尤其是情感的不诚实，以便阻碍不想要的情绪能量流经他们的精微能量系统。但是，如果他对自己或者对他人说谎以回避感受，他也由此封锁了能量的流动并损害了关系。这可以是一次局部的或全面的伤害，视情境而定。而在精微能量系统及身体的相应部位造成闭锁的位置，则取决于被阻断的能量的频率。最终结果是，当能量的自由放射受限时，人们感到彼此的连接变弱了。

双方所体验到的分离程度，则取决于说谎的那个人消耗了多少能量来掩饰自己的真实情感，以及这种掩饰多么有效。因为，没有什么谎言真正有效，往往只有部分的情感会被掩盖。因此，能量会受限，但不至于被完全堵塞。仅仅是部分的堵塞，也会使能量的频率扭曲，从而损害关系。而且，不能诚实对待自己的情感，不仅阻碍了能量向外放射，也阻碍了能量在自身精微系统中的流动。如果伪装持续一段时间，精微能量系统里的普拉纳（生命能量）水平将锐减。

限制普拉纳的自由流动和掩饰真相是一件持续性的工作。一个人必须持续地努力，消耗大量能量才能成功地伪装。无论多么努力，伪装除了能破坏关系、导致遭受不必要的痛苦外，毫无意义。

思想和情绪

每一个念头和情绪都是由个人能量里的子场域所产生的能量放射。能量的一个特性是运动，而不是静止，因此，由心智场和星芒（情绪）子场域所产生的思想和情绪，会被产生这些思想和情绪的心智体和星芒体所感受到。同时，这些思想和情绪也会向各个方向放射。它们起源于局域场里的心智能量和星芒能量集中的某一点。但是，一旦这些思想和情绪显现了，它们就不会局限于某处。根据宇宙场和它的局域场的特性，心智能量和情绪能量会在特定的震幅范围内向所有方向等量放射。就像无线电波一样，这些能量波会被任何同频的或对其波动率敏感的局域场接收。

由某人的念头、情绪、甚至动物磁场所产生和放射的能量波，会影响到所有他附近的、对该波长敏感的人，也会影响到远方的、被该思想和情绪所指向的特定的人。我们所接收到的思想和情绪能量原本应该是滋养我们的，但是如果我们身陷由于情感或思想伪装所造就的扭曲能量场中，我们的能量系统就会被破坏，我们会损失能量，而自由放射的能力也会被破坏。

思想和情绪所造成的影响，可以比作把一块石头扔进平静的湖面所产生的波浪：石头在某个点产生了撞击，这个撞击用一系列波浪往所有方向等量放射，在它传导范围内或者它的场里的一切物体上留下印记。通过引起物体能量场的能量共振，这种影响会一直持续，直至被传导范围内的其他频率的能量削弱。而波浪的振幅取决于石块的大小和投掷的力度。

同样地，一个人对他人的影响力，取决于所发送的思想和情绪的力量和性质，以及接收者的接收能力。这非常有助于解释人际互动的精微动力机制：信任、不信任的动力差别；疏远、友好和仇恨之间的动力差别；以及一个人对另一个人甚至对一大群人的催眠作用。此外，这也解释了作为一个独立个体的我们，为什么常常深受某些人的正面和负面影响，而我们与这些人的关系并不紧密，也没有共同兴趣。

氛围

被限制在家或者工作场所等围闭空间内的思想或情感会对进入该空间的人形成特别强烈的影响。个人或者群体所产生的思想和情感会滞留在围闭空间内，会被这个空间里的物体吸收。即使创造这种氛围的人已经离开，即使最初的思想和情感已经改变，以这种方式产生的房间的“氛围”仍然可以继续存留很久。

个人会受到这样创造的“氛围”的影响。根据气场的特质，个人会受到正面或负面的影响。这就解释了为什么当一个人只要从一个房间走入另一个房间、从一个环境进入另一个环境，情绪就会迅速变化。理解房间的气场如何影响人们非常重要。如果想要娴熟地使用能量，必须理解健康环境及被伪装干扰的环境中能量的动力机制。

如果能量被局限在小空间内，就易于识别。许多老旧的小礼拜堂就是这样。在那里，成千上万的人留下了他们虔诚的情感。这些情感为房间的情感和心智氛围充电。在围闭空间里，情感和心智的氛围可以创造一个健康滋养的环境，或是一个有害而烦扰的环境。我们都受到情感和心智氛围的影响。因此，在进入那些明显有着负面氛围的环境之前，一定要谨慎，因为这会对我们的能量系统和总体安康造成不利影响。

体验氛围

下面的练习是专门用来帮助你更有意识地体验氛围。一旦你尝试这项练习，你就会发现自己对一个房间的心智和情感氛围更加敏感，你也会发现自己被气场影响的程度远远超乎你的想象。这是个集体练习，最好有大约五六个人参加。每个人有一两次机会体验集体创造的联合心智和情感氛围气场。最好在一个小会议室中进行，当然，小客厅或办公室也不错。如果是六人组，先让每个人从 1 到 6 中选一个数字来决定顺序。1 号最先离开房间。离开的人被称为“敏感者”。敏感者必须到一个无法听见参与练习者的言语和声音的房间。当敏感者离开时，他或她应当闭上眼睛，放松休息，激活他或她的第二注意力。

人对气场非常敏感，尤其是当他们用第二注意力体验世界的时候。当每个人轮流去到房间外面，小组里的其他人应该选择一个会引起共同的强烈情绪或意见的主题，用大约五分钟时间，让每个人都参与热烈的讨论。试着让大家产生一种主导情绪：如欢乐、恐惧、愤怒等。例如，你们可以谈论政治、生态、友谊、爱、死亡、孩子等话题。在讨论中，每个人都应当感到可以自由表达情感和思想。试着在一个主题上讨论五分钟，每个人的观点应当前后一致。这样，房间的氛围才会充满关于该议题的强烈、清晰的情感和观点。

五分钟后，轮值小组长应该立即终止讨论，找回不在场的那个小组成员。敏感者一进入房间，就要马上开始向小组描述他或她所感到的房间里的变化。

在心智层面，敏感者可能会感到他或她的头脑被滞留在房间的思想冲刷。这些思想可能以语言或图画的形式呈现。在情感层面，他或她能体会组员们共有的主导情绪或感觉，或是主导组员的情绪。或者他或她只是感到一种模糊的氛围：兴奋、温暖、焦虑或压抑。

如果敏感者特别擅于接受，他或她甚至能辨别出讨论的大概主题和主导组员们的观点。他或她的身体也会记录氛围的变化。焦虑常常被体验为敏感者身体不同部位的紧绷。身体可能变得兴奋起来，或者甚至突然变得疲倦、没精打采。实际上，敏感者的身体将会记录各种感觉的分数。一个没有受过训练的人会漏掉很多细微的频率，因为它们几乎不能在显意识层面被体验到。然而，任何人都很容易分辨出小组的主要情感表现。一进入房间，敏感者就必须只关注自己在身体上、情绪上和心智上感到的变化。

在敏感者和小组都进行了充分表达之后，你们可以继续让下一个人离开房间，用一个新的讨论话题再次开始练习。一旦你们开始讨论新的话题，旧的氛围就会消散。不断重复练习，直到每个人都至少有一次机会当敏感者。

自我改进

必须先给诚实下一个操作型的定义，我们才能完全理解它在人际关系中的重要性。朗氏词典把诚实定义为：“值得信赖；不会说谎或者欺骗……不隐藏事实……”[1]

我不能对这个定义提出异议，但是我想做些补充：诚实是完全地、毫无保留地向任何与自己有关系的人，表达自己在各种情况、各个因果层面的复杂特性。如此定义，你就很容易发现，社会已经教导我们，如果每个人能一直在所有层面上都诚实的话，那么正常的人际互动就是不可能的。

对“不诚实”的合理化来自一个假设的潜台词，即：我们天生就是不完美的，我们的动机是不纯洁的，我们真实的感情和思想不够好，必须改进。它暗示着：我们是有缺陷的，不像其他的物种能完美地嵌入这个星球的生物链，我们不能。因此，我们必须修正上帝不完美的手工制品。

我们知道，由于这个信念，社会中的人类发展已经严重倒退。接受这种观念，已经导致诚信崩溃，尤其是对自我的信赖。当然，社会中有些人宣称自己信任某人或某事，但这不是我所指的信任。

我所说的信任，是孩童般的、源于天生安全感的信任。这种信任不仅是显意识的，也是潜意识的。这种信任蕴含于每一个思想、情绪和行为之中。当失去对自己和对世界的信任时，就不可能有先天的诚实，因为诚实地表达自己必须要有对自己的信任。

信仰系统

一个缺少信任的人，将不能达到自我的完整、获得无条件的喜悦。而且，一个缺少信任的人，必须不断阻止被囚禁于内在的空虚和绝望感浮上表面。结果是，他也阻止了能量的自由放射和真我的表达。

他必须用信仰来指导他的行为，以此取代真我的指引。这些信仰仅仅是一些易懂的替代品，用来取代真我直觉的指引。信仰系统由人的欲望和恐惧交织构成。信仰系统囚禁自我的合一，不论好坏。对此，伟大的法国哲学家卢梭写道，“人生来是自由的，然而，无论在何处，他都戴着锁链。”[2] 而让·德·拉·封丹回应他说，“如果不自由，再好的生活又有何用？”[3]

对大多数人而言，他们的行为不是由潜意识放射出的真我决定的。相反，这种最重要的权力已经被交给了意识，而意识根据人的信仰系统设定的规则行事。

意识利用自我来监管内在觉知层面，它盲目狂热地工作。意识通过强迫人遵守规矩来管束人，这些规矩形成人的信仰系统的基础。它利用恐惧来胁迫人，用痛苦来惩罚人。在这种情况下，不允许人质疑这些规矩的合理性，只是要求人遵守它们。这些规矩来自何处并不要紧。它不在乎这些规矩中的大部分不过是一些旧的包袱：由家庭、学校和社会世代相传的思想和感觉。它不在乎这些规矩并不真正反映人最深的渴望和需求，它们只是欲望和恐惧的产物；这些规矩并未植根于真我之中，相反，它们只是缺乏信任导致的不安感的产物。重要的是，真我继续被囚禁着，意识的地位仍然安全。

不诚实的结果

不诚实地活着的结果是，虽然每个人都试图保护其他人、维持良好的人际关系并创造一个公正幸福的社会，但是为达到这些目标而选择的方法根本没有用。更重要的是，这些方法把遍布我们周遭的非正义、孤立和痛苦习俗化了。无论怎样努力，我们都无法比祖先更接近个人或者国家的和谐。因此，为了不至于落入无望和绝望的境地，大部分人寄希望于将来的某一天，某人会为他们流血的伤口缠上绷带。然而，寄希望于未来也是游戏的一部分。希望本身，也是基于恐惧。

“希望和恐惧是不可分割的，没有不带希望的恐惧，也没有不带恐惧的希望。”[4]

研究过人性的人都会知道，限制潜意识的生活、限制真我的自然表达必定导致严重的后果。

由于恐惧和不诚实（恐惧的产物）而回避内在生活，这是所有个人和社会问题的根源。一切被堵塞和压抑在内的，一切不可以被自由表达的，不被内在体验到的，必被人向外部世界寻求。如果不能在外在找到它们，人就会用一些扭曲的欲望和目标来代替它。

自我沉溺

通过用扭曲的欲望和目标来代替真我所给予的无条件的喜悦，人会堕入自我沉溺的无底深渊。在这一点上，社会机构要承担一部分责任。因为社会没有培养泰然自若、体验着内在无条件喜悦的人，却制造了不诚实、恐惧的人，永远向外在的人和物寻求慰藉的人。因此，人变得迷茫，充满了冲突和矛盾。大部分人都失去了方向，迷了路。他们内在充满杂音，真我的直觉之声已经几乎被完全淹没。虚假的目标取代了真实的目标，虚假的需求取代了真实的需求，虚假的渴望取代了真实的渴望。因此，每个人和整个人类都在拼命奔向未来，寻找着他们不可能找到的宁静和满足。因为他们在向自己之外寻找，所以不可能找到。

自我沉溺是那些与真我失去连接的人选用的替代品。它表现为所有形式的上瘾行为，从暴食到过度忧虑，从自负、傲慢到抑郁、酗酒，甚至吸毒、自杀等。当你没有成为自己时，就会放纵自己，分裂而没有整合，在痛苦中沉溺。心理—灵性整合工作开始于诚实。当一个人选择了诚实，他就能回忆起他自己（他的潜意识自我），重拾它们，把它们与显意识自我整合。从这一刻起，能量工作就变得容易了。能量工作变成了精神、灵魂和身体的潜意识协调运作。我们在《道德经》中读到："……为道日损。损之又损，以至于无为。无为而无不为矣！……"[5]

下面的故事说明了在心理—灵性整合工作中，诚实的必要性。

有一次，中亚的一位著名的苏菲大师（Sufi）挑选弟子。他问在场的人："在这里的人，谁是为了好玩而不是学习而来？谁是来辩论而不是来研究的？谁没有什么耐心？谁更愿意索取而不是给予？如果有这样的人，请举手。"没有人举手。"很好，"他说，"现在你们来看看跟了我三年的一些学生。"他带领他们来到冥想厅。在那里，有一排人在打坐。他对打坐的人说："让你们中那些喜欢娱乐不喜欢学习、喜欢辩论不喜欢研究、没有什么耐心、喜欢索取不喜欢给予的人站起来。"所有的徒弟都站了起来。然后，大师对第一拨人说，"在你们看来，现在的你们或许比在这里待上三年之后的你们还要好一点。你们现有的虚荣（不诚实）让你们感觉比那些在这里待了三年、将自己无私投入工作的人更有价值。所以，如果你们打算将来再来的话，回家后好好想想，你们是否想要比现在感觉更好？”[6]

勇气

在恐惧面前选择诚实是需要勇气的。勇气是心理—灵性整合工作的第二个先决条件。我所说的勇气，并不单指身体的勇气，或者在某个极端情况或者危机时刻所表现的英雄主义。我所说的勇气是时刻相随的、让生命具有尊严的勇气，让人有力量去超越他人的期望而成为自己的勇气。我所说的勇气是让人在任何境况下都能够信任自己、诚实地做自己的勇气。这样，人就能够过自己的生活，并追随他自己的道。我说的勇气，是指在任何小事中都敢于对自我说“是”，对生命说“是”，肯定生命的勇气。

在秘传哲理中，我们学习到：“任何事物都有二元性、都有两极、都有正反两面。”[7]生活中充满了正反两面的平衡，生活就站在两极之间。我们可以说，正是因为有了二元分别，才有了生命，没有它，就不可能有生命。因此，生命中一定会有恐惧和勇气，通过保持二者的平衡，生命才抵御了灭绝的惯性。勇气并不能超越或抹掉恐惧。勇气是一个容纳恐惧的过程，它是“逃避”和“自我沉溺”的反面。勇气就是肯定，它对一切说“是”，它欣然接受一切，它甚至接受自己灭绝的可能性。通过欣然接受灭绝和“不存在”的可能性，勇气也接纳了最可怕的状况，而且不顾“不存在”的可能性，继续放射能量。在一个二元对立的宇宙中，之所以有“存在”，仅仅是因为有“不存在”。[8]

“勇气是生命肯定自己的力量……而因为生命的消极性就否定生命（绝望）则是懦弱的表现。”保罗·蒂利希告诉我们，肯定人的自我并肯定其自身的勇气，“……是每一个存在的本质属性，也是它的至善。最好的自我肯定，并不是源于单个存在的孤立行为，而是参与宇宙或者神的自我肯定行为。这是每个个体行为的原动力。[9]

“……他心有恐惧但是战胜了它，他看见了深渊但是保有尊严。他看见了深渊（‘不存在’）但是他用鹰爪掌控了它。他是有勇气的。”[10]

要理解什么是勇气，就是要理解缺少勇气并不是唯一的问题。另一个关于勇气的问题是举棋不定。它是错置的勇气，来自于真我认为好的、值得拥有的东西与潜意识里的分裂出来的“他人”认为好的、值得拥有的东西之间的分歧；来自于真我选择并捍卫的目标与潜意识里的分裂出来的“他人”无意识地选择并捍卫的目标之间的分歧。当一个人在潜意识层面拥有相反的目标时，他对成功、幸福的追求就不会实现，这些追求不会唤起来自内在深处的共鸣。正是这些追求促进能量的自由放射。在潜意识层面，那些不被爱的“他人”的目标，总是围绕着再创造“特别的感觉”来让一个人感到安全放心，接近他在童年时爱过的某个人给他的感觉。如果一个人的目标和这些相违背，那么目标的实现就会有困难，因为他会忠实于那些过去的感觉，并非常勇敢地捍卫它们。

那些过去的感觉是正面的或负面的并不重要。要拒绝这些感觉，一个人就必须拒绝一个他在童年时代爱过的、在他的个人能量场留下印记的人。这些印记就是那些“特别的感觉”。作为成年人仍然保有这些感觉，这允许一个人在潜意识中感觉到他仍和他所爱的那个人保持着关系。自我肯定的勇气意味着释放那些感觉，处理“潜意识他人”紧抓不放的那些能量，因为你认识到它们最终是适得其反的，它们违背了自由、爱和成功的目标。这就要求也拒绝所有基于过去的感觉而建立的关系。放下这些旧的关系和“特别的感觉”需要很大的勇气。因为，一旦释放掉这些感觉之后，并没确切的保证能够与那个所爱的人再有任何种类的关系。正是害怕失去那珍贵的感觉以及它所象征的关系，使得自我肯定的勇气如此难以获得，同时又如此可贵。当一种关系变成了破坏生命的关系，就不要用勇气去捍卫这个关系。相反，只能必须把勇气用于肯定生命的事物上。

弗洛伊德说，一个健康的人，是一个有能力爱、有能力工作的人。你生活中的任何事、任何感情如果阻挡了这两个目标，必须诚实面对和接纳它们，必须有勇气释放它们，跟它们说再见。

你需要足够爱自己才能够接纳、释放那些旧的、损害自我的、被你英勇捍卫了多年的感情。勇气与自爱是天生相连的。深刻的自爱意味着为了更伟大的目标牺牲某些你曾经珍爱的东西，这更伟大的目标是个人自由和无条件的喜悦。为了一颗更大的珍珠——自己，一个人必须愿意放弃他拥有的全部珍珠。

做出牺牲需要很大勇气，因为从某种意义上说，它类似于死亡。伟大的神学家托马斯·莫顿告诉我们，“为了认识自己，一个人必须冒险去减少、甚至完全丢掉他所有的实相，只为得到另一个实相；因为，如果任何人想要拥有他的生命，他必须失去它。”[11]

第九章
无所畏惧

我的灵魂渴望行动，我的呼吸向往自由。

——席勒

破坏性的恐惧

恐惧最主要的显现是收缩。在身体层面，收缩反射是有益的，例如当孩子的手指太靠近蜡烛，或者碰触烫的锅，他就会知道火会烫疼他。然而，除此之外，它没有什么指导价值。自由者约翰告诉我们：[1]

“恐惧只是你所掌握的一项普通机制……它没有哲学上的终极意义。”

恐惧和焦虑具有破坏性。尤其是持久的恐惧，它会变得令人上瘾且无处不在。因此，在本章里，我介绍了几个用来转化和释放恐惧的技巧。第一个技巧是古代瑜伽修行者创造的。它是一种基于婴儿式呼吸的呼吸技巧。它被称作瑜伽呼吸。它是一种完全自然的呼吸形式。它是我们的身体在休息时，想要的呼吸方式。通过定期练习这个技巧，会大大有助于瓦解和驱散你生命中的恐惧机制。

瑜伽呼吸

瑜伽呼吸由三部分组成，它常常被称作完全呼吸。它总是通过鼻子进行，在吸气与呼气之间不做停顿。你可以单独开始做瑜伽呼吸练习，也可以把它作为冥想放松练习的一部分。但是，在不久之后，它应当成为你平常呼吸的方式（你可能会注意到，当你的第二注意力活跃时，你正在进行瑜伽呼吸）。瑜伽呼吸总是伴随着深度的放松状态，如果一个人的意识与潜意识之间有着健康的平衡，他的呼吸也是瑜伽式的。

瑜伽呼吸由三部分组成，第一部分是腹式呼吸，在吸气时，腹部扩张并向下拉伸。第二部分是中部呼吸，当空气充满腹部后，再继续充满胸腔，扩展胸腔，提升肩部。第三步是鼻呼吸，空气先充满腹部，再充满胸部，然后充满喉咙和鼻子，并继续充满鼻腔通道。

为了用这个技巧把恐惧转化为健康的放松和宁静的状态，请按照以下姿势做：

先找到一个舒适的坐姿，背部挺直，双腿平放在地板上。如果你愿意，可以采用莲花坐姿。一旦你舒适地坐好，就把右手放在腹部，紧挨太阳神经丛的下方。这会帮助你感受呼吸的节奏，也会让呼吸更流畅。然后，闭上眼睛。不是必须闭上眼睛，但是闭眼能帮助你放松，让瑜伽呼吸更容易。从吸气开始，先让肺部下方充满空气。你放在腹部的手会感受到，当腹部轻轻扩张的时候，横隔膜的肌肉变得略微伸展。继续吸气，感觉空气填满肺的中部和上部。你的肩膀会提升，在肺部扩张的时候，胸腔的肌肉会伸展。在做中部呼吸时，有的人会感在上背部、肩胛骨之间感到疼痛。这是由于经年的收缩导致肌肉僵硬所致。这很大程度上是不正确的呼吸导致的结果。别让这小小的不适阻止你，继续进行。几天之后，不适感会消失，你的肌肉将回到正常的弹性状态。

在空气充满肺部之后，让它继续上升，充满鼻腔通道和头部，带给你一种轻而愉悦的感受。当你呼气时，把这个过程反过来。先放空鼻腔，然后放空肺的中部和上部，最后放空肺的下部。你的双肩会自然落下，然后横隔膜会回到正常位置。在呼气和吸气之间不做停顿，持续这个练习大约五分钟。

开始时，在一天中留出特别的几个时段来练习。但是一旦你掌握了节奏，就把它作为你平时使用的呼吸方式。开始留意你的呼吸，每当它变浅或者回到老习惯时，就把它带回到这种完全呼吸的方式。有一条注意事项：确保要对自己温和。不必总是监视你自己和你的呼吸。因为那样做只会导致不必要的焦虑，非但不能帮助你更加自由地放射，反而会让你更加拘束。

总体影响

瑜伽呼吸法有助于打破恐惧反射，因为它阻止一个人收缩和锁闭精微能量系统的能量流动。当吸气和呼气之间有屏息时，当呼吸短浅时，感觉会受限并麻木。这就是为什么人在紧张时会倾向于屏住呼吸，而不会深呼吸。

用呼吸锻炼来帮助人平静下来并减少压力的影响，已经被医疗界广泛采纳，最近，也被商业界采用。菲利普·纽恩博格博士，作为企业压力管理顾问，就呼吸技巧对放松的作用做了几次测试。在一个实验中，他教给一个小组瑜伽呼吸的技巧，用另一个小组来做对照。与没有进行瑜伽呼吸的对照组相比，接受了训练的小组普遍在标准心理测试中得分较高，而且在所谓的神经质量表中的得分较低。

此外，在加州大学的两项独立研究中，哈尔特和蒂蒙斯证实在呼吸与脑波质量之间存在某种联系。他们发现，在深呼吸时，脑部会有更多的阿尔法波，当人们进行快速、短浅的呼吸时，阿尔法波则较少。众所周知，阿尔法波会在人放松时出现。当呼吸深满、富有节奏时，阿尔法波的关联比呼吸短促、没有节奏的时候更好。

甚至在人们呼吸短浅没有节奏的时候，身体也能自动通过长长的叹气或者呻吟来释放恐惧和紧张。这种本能反应表明，用身体的潜意识机制来处理大量的压力或者焦虑是可能的。以这种潜意识机制为起点，我们可以更进一步，用音调和振动代替叹息和呻吟，来有意识地转化恐惧和它特有的收缩。这种技术叫作“共振”。

共振

在可以发出声响而不会被打扰，也不会影响他人的情况下，共鸣几乎可以在任何地方练习。共鸣可以大大地降低由长期压力导致的焦虑的负面影响。开始练习时，选择一个舒适的坐姿，背部挺直。一旦你舒服地坐好，就开始瑜伽呼吸。大约两分钟后，把你的意念带到心脏，不再进行瑜伽呼吸，而是从你的心发出每一次呼吸，直到你感觉到从心里共振的深刻感受。在每一次吸气时，都感觉你心里的情绪变得更强烈；在每一次呼气时，都向这种感觉臣服，允许它从你的胸部放射，然后从胸部放射到全身。

感受从你心里发出的能量，放射到手臂、腿、腹部、性器官、头部、和皮肤等等。在你的呼吸节奏中，在呼气时不做停顿。这样呼吸大约两分钟后，用舌尖抵住上腭，它就在你的牙齿后方。在身体前方合上双手。然后，当你在每次呼气时，随着你感觉心的情绪开始放射，在感觉中加入声音，在整个呼气的过程中唱诵“哦姆”。①

感受你唱诵的声音发自心底深处，让它共振，让你的整个身体跟随它振动。只用它来表达你当下的体验和感觉。不必唱诵得太大声，但是最好要出声。继续唱诵五分钟左右。这个练习的效果非常明显，特别是在你持续进行几天或几周之后。这个技巧不仅能转化恐惧，它还能用幸福感和满足感来代替恐惧。这个练习对发展第二注意力很有帮助，因为它让心打开，同时让头脑安静，带你进入全身意识觉醒状态。

在长期遭受压力和焦虑的情况下，应当定期进行共振练习。它将会有持续修复的功效。如果把它作为例行练习，它会消除各种形式的恐惧：焦虑、自我怀疑、不安全感、困惑、疏离和担忧等等。我建议你把它纳入你的每日养生锻炼中，在早餐和就寝前练习。对那些由于过度焦虑或担忧而导致睡眠障碍的人，它尤其有帮助。

精微效果

通过共振和瑜伽呼吸，你会把自己从恐惧的总体影响中解放出来，你会开始经历身体、情绪和心智的变化。你会觉得身体更放松、情绪更稳定、头脑更加清明、安静。能量会支持这些变化。通过正确的呼吸方

---

① 在梵文里“哦姆（ohm）”是宇宙震动的声音。这是宇宙大我在创造的那一刻发出的声音。它是万物的混合声音。

式和共振，更多的普拉纳（生命能量）在精微能量系统里流通，这对所有层面都有益。在头脑层面上，恰当的呼吸方式会降低脑波的频率从而阻止“内在对话”（内在对话是头脑里过度的喋喋不休，没完没了地扰乱大部分人内心的宁静）。通过降低脑波频率，大脑会开始更有效地工作，它会以图像思考取代语言思考。脑波频率的降低也让潜意识更加活跃，在显意识和潜意识之间建立更加健康的平衡。这种平衡使人可以在整个精神范畴中运作。

普拉纳水平的提高使得一度被恐惧封锁的情绪能量库得以释放，让人可以感觉更开阔、更打开。普拉纳的提高有多种体验方式，其中一些体验起初可能感觉怪怪的。当普拉纳的流动增加时，有些人会全身发热，有些人会感觉到热量，特别是手和脚的热量。大部分人会感到震动和略微刺痛的感觉。这些感觉都不危险。但是，如果你的手发麻或痉挛，这表示你换气过度。此时，应立刻停止深呼吸。如果你身边有人，就让他握着你的手。如果你独自一人，就合上双手，把舌头放在牙齿后面的口腔顶部，并正常呼吸。很快你的身体就会感觉正常了。

很多人在做瑜伽呼吸和共振时，会感到头晕，或者有点晕眩。初学者由于能量水平低、不习惯精微能量系统里有更高的普拉纳水平，通常会有这样的感觉。不必担心这一点，因为它很少能够持续。

当能量系统习惯了有更多普拉纳流过时，这些副作用就会消失。通过让普拉纳自由流动，人通常会感到在情感上更打开。在进行瑜伽呼吸或共振练习时，有时候人会感到悲伤、喜悦、甚至同情的感觉涌上来。瑜伽呼吸和共振倾向于打破能量堵塞。旧的感觉浮现出来也是很常见的。如果它们浮现出来了，就让它们流过你的能量系统，让你的能量系统把它们释放出去。

在练习瑜伽呼吸或共振的过程中，你的心脏可能会开始快速跳动。但这通常是暂时的反应，你不必慌张。在身体能量堵塞的部位，你可能会感到疼痛。这些身体的堵塞对应着星芒体和心智体的堵塞。这些疼痛往往会在相应的脉轮的位置出现。像这样的疼痛很少是强烈的，也很少在完成呼吸练习之后持续。但是，在练习期间，它们能够持续好几周，直到那个区域被打开，允许更多的普拉纳流过为止。

在东方，几百年来，专家们已经通过瑜伽呼吸、共振、研究调息法的呼吸科学，把自己从恐惧施加的限制中解放。而且，通过定期的呼吸练习，他们也学会了提高自己的身体、情感、心理和精神健康水平。几百年来，专家们已经学习到“一个人可以进入与自然的和谐共振，帮助展现自己的潜能……通过控制呼吸，不仅能治疗自身和他人的疾病，也能驱散恐惧和担忧……”[2]

压力是敌人吗

过度的恐惧和惊吓会使精微能量系统超负荷。惊吓通常指突然的、无法预料的经验，它迫使精微能量系统瞬间处理过量的普拉纳。如果精微能量系统里有堵塞，那么瞬间处理这么多能量几乎是不可能的。当一个人不能处理所有流经他的能量时，那些未经处理的部分，就困在系统中形成“能量库”。这些能量库能够对一个人产生长期严重的影响。

精微能量系统超负荷的一个典型例子是，当你在高速公路上驾驶时，你很放松，可能听着收音机。突然，在毫无预警的情况下，你前面不远处的那辆车并入了你的车道。你猛踩刹车以避免追尾。尽管你避免了事故，但是你的心跳加速，两手发热，冒汗，而且觉得恶心想吐。

这是人类共有的应急反应状况。但是，这里所感受到的恶心，不是来自惊吓本身，而是由于未能处理涌现在精微能量系统的所有能量。结果，身体无法释放和合理地分配来自这个惊吓/压力反应的有用的化学物质。

在惊吓的时刻，身体向该系统释放肾上腺素、血糖、皮质酮和促肾上皮脂激素。但是这个“包裹”必须被送达相应目的地。能量就是“快递员”。如果能量受阻，那么这些化学物质也会受阻并滞留在错误的地方。如果“包裹”没有及时抵达目的地，它最后会落入胃中，导致你恶心想吐。为了避免这种痛苦的状况，也为了避免形成不必要的生命能量库，下次当你遭遇惊吓状况时，就用下面的方法来避免超负荷：

当你最初遭遇惊吓的那一刻，张开嘴，尽可能大声地惊叫。同时，用最大的力气把手臂拉到两侧。绷紧你的双腿、胸部、手臂（越多部位越好、越快越好）；尽可能长时间地保持紧绷。因为这能让能量和化学物质通过经脉（能量通道）送往紧张的肌肉。当你感到释放了，能量开始正常流动了，就可以放松了。

有趣的是，你的身体无法辨识突然的惊吓和突发的愤怒。在这两种情况下，它会释放同样的能量和化学物质。

如果你曾经无端遭到狠狠的训斥，而你站在那里，见不到你有任何反应，那么你就会知道为什么在训斥结束后，你感到情绪受阻、胃部恶心。你没有有意识地做出反应，但是你的精微能量系统和身体都有了反应。结果，那些能量和化学物质没有被运到它们该去的地方。

为了防止类似情形发生，一旦你感受到突然的愤怒或其他的强烈情绪，而你又无法尖叫时，就把双手放在背后，重复上面最后一个动作。不过，要把高声尖叫改为张开嘴巴用力吐气，让自己能听到吐气的声音。

然后用鼻子把气吸回来。用同样的方法再重复复一次。继续这样做，直到你感觉能量从身体向各个方向放射，感到身体和头都轻松了为止。当你这样做完之后，你不会感觉糟透了，相反，你会感觉放松、很美妙（特别是当你认识到你为自己的能量系统和身体做了一件多么好的事）。

要理解身体处于突然恐惧和突发愤怒的情况下的基本机制，你必须认识到你的神经系统和精微能量系统至少已经进化了几百万年了。它们是被设计来即刻应对威胁生命的状况的。在危急状况下，你的自律（自主）神经系统和精微能量系统会派送能量和化学物质来给你增加助力，无论你正站着搏斗还是正跑向最近的一棵树。如果你站着搏斗，这些物质会被注入你的手臂和胸部肌肉，让你暂时拥有超人的力量。

你们都听说过或读到过，有些体格瘦弱的人在危急情况下突然发出难以置信的力量。现在你们知道了这些能量来自哪里。在受到威胁的情况下，你收到的突发能量是用来帮助你的，而不是伤害你。但是，你必须能够处理它们，才不至于使你的精微能量系统和身体超负荷。进行本章中的练习，将来你就能远离恐惧或超负荷的负面影响。你将大大增加供你支配的健康能量。

第十章
身　体

哦，——愿我身体的所有部位，我的眼睛、耳朵、言语和生命、我所有感官的力量都从神那里获得滋养。

所有的存在实际上都是梵天……

——《奥义书》

心理—灵性整合工作的中心是基于这样的观点：身体是所有精微体的外在显现。这些精微体与身体的能量一起组成了个人能量场。精微体彼此穿透，同时也穿透覆盖着它们的身体。它们依靠宇宙场的磁力彼此连接，同时，宇宙场磁力不仅穿透它们，也包围着它们并把它们与宇宙场磁力连接。即便不是全部，现存大部分的身心灵大师、哲学和心理学大师的著作都证实了这个观点。它是密宗、道家、荣格心理学派和瑜伽大师的中心思想。这些思想体系以及西方的形而上学传统都认为每一个人都是整个宇宙的反映。它们认为，如果我们能整合我们的自我，通过体验自我的合一，即真我，而变得完整，那么，当宇宙大我通过真我放射的时候，我们也能够经验它。这样，我们就能经验与宇宙场的合一。

但是，要理解我们是由精微体和身体合成的多维存在，我们就必须在身体真正的生态中去理解它，要在身体与对应的精微体，以及身体和宇宙场之间的关系之中去理解它。身体是真我与物质世界的连接点。

由密度大的物质所构成的身体是两极化的。因为它是接收性的，所以，在本质上是阴，在根本上是女性的。这也符合秘传性别论："性别蕴于一切事物之中：一切事物都有其阳性和阴性原理；性别显现于所有层面。"[1] 身体覆盖着精微体，它的重要性，远不止于显而易见的身体功能。在第一次写给哥多林教会的信中，保罗告诉他们，"岂不知你们是神的殿，神的灵住在你们里头吗？"[2]

身体就像耶路撒冷神殿一般，覆盖着，并以某种方式保护着人的精微体。许多敬拜之地的布局设计都反映了这一观点：身体是灵之殿堂，是一些由细微振动构成的精微体的物质对应物。欧洲教堂的布局就反映了这一观点。它们十字架形状的平面布局就像一个平躺的人伸开双臂。这一基本设计同样出现在希伯来神殿以及古埃及和印度的庙宇中。

覆盖着真我的，所有自我合一的身体，在很多传统中都被视作是神圣的。信徒被告知要顺从它，不要亵渎它。这是教言中的直觉智慧，因为身体直接和精微体连接，并对它们产生影响。

虐待身体往往会导致损坏精微能量系统和更高（层次）的体的正常功能。

维克多·卡文斯卡告诉我们：

> 身体所遭遇的虐待或意外伤害也会影响以太体，因为以太体必须用它的能量来修复身体。如果在身体遭到虐待期间，以太体过度劳累，使以太体的活力枯竭，它就不能正常传递由心智体和情绪体

所产生的意念。在这种状态下的人，似乎在心智和情感上都很迟钝。

很明确的一点是，身体和精微体必须作为小组一起工作。当身体和精微体的振动频率协调一致时，它们就能协同合作，就像钢琴在调音之后，就能奏出和谐的乐曲。[3]

宗教的庙宇通常有三个部分：外庭、内庭、圣坛。希伯来人把圣坛称为“至圣之所”。这种结构反映了在古老的教法中人体的三个分区。可以接待普通大众的外庭对应着人体的腹部、骨盆、脊柱下部……这部分区域包括消化器官和生殖器官。从能量的角度看，学生必须正确地理解这些器官、并达成其功能的平衡与和谐，然后才能进一步深入殿堂的内部，了解更精微的教法和殿堂内更精微的能量。在这个阶段，他们做有意识的工作以取得身体的平衡以及理性意识头脑的平衡。外庭对应瑜伽中的哈他瑜伽，也对应犹太教中的摩西定律。在日本，腹部有着更深的意义，人们相信它是身体的中心。在肚脐下三指就是丹田，从字面翻译是腹部，但是对日本人而言，它的意思不仅于此。它意指中心点，有形的我们和无形的我们都在这一点取得平衡。格拉夫·冯·杜科罕这样描述丹田：“它是人类原初生命中心的物质化身。”

在心理—灵性整合工作中，一个处在外庭阶段的人必须完成初期的准备工作，我把这称作物理整合。在这个阶段，学生发展出勇气，并学习诚实地表达自我。他们通过意识头脑，学习法（生命之道），并使理智头脑和物质身体进入和谐合一的平衡状态。一旦他们成功地完成了这个工作，就从外庭进入了内庭。然后，学生将准备跨入高层意识领域，从而正式开始心理—灵性整合的工作。那时，他们就进入了内庭，对应着从颈部到太阳神经丛的区域。

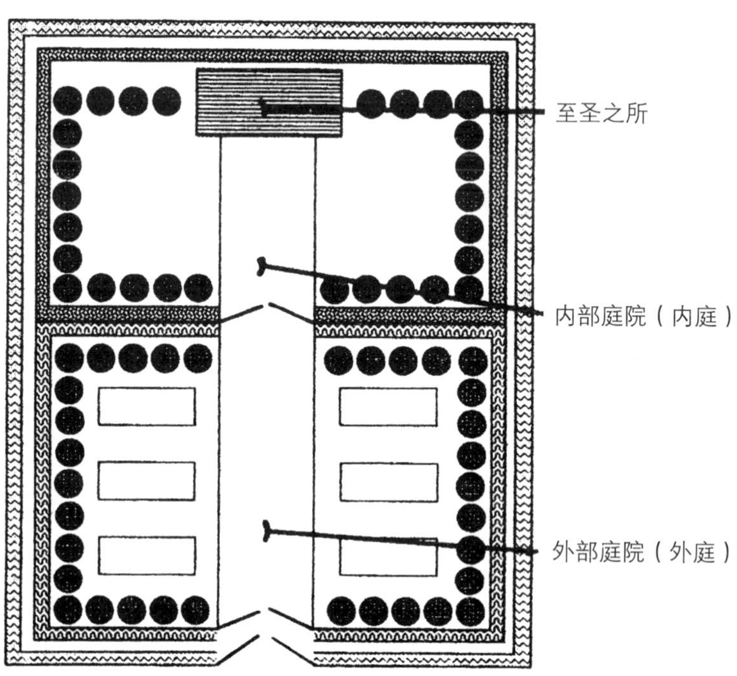

宗教庙宇与人体的对应

内在对话

一旦学生成功地从外庭跨入内庭，他将遇到的第一个障碍就是内在对话。①

当意识头脑失去控制时，精微体就被困在这种头脑的喋喋不休之中。内在对话切断了人对精微体的有意识的体验，从而也切断了对内在生命的经验。它是心理—灵性整合的一个巨大障碍。苏菲②修习者通过旋转和唱诵来驱散它；禅修者通过练习打坐、冥想来使头脑安静并压制它；瑜伽行者通过调息法来达到同样的目的。

我发展出了一个简单的技巧——一种简单的心智工具来帮助你让内在对话停下来一会儿，从而使你进行内庭的工作，激活第二注意力，并取得心智的平衡。

禅宗将内在对话根除的状态叫作“无念”。禅宗行者林乔曾经问六祖惠能：

> 问：我出家为僧是为了证悟成佛。我应该怎样安住我的心？
>
> 答：于无心处，悟境自现。佛陀亦无心。
>
> （当你没有一个可以为了成佛而安住的心时，你就证悟了。）
>
> 问：如果没有心，那是什么成了佛？
>
> 答：于无心处，悟境自现。佛陀亦无心。[4]

---

① 内在对话是人们头脑里多数时候不断的喋喋不休。

② 译注：苏菲传统属于伊斯兰教派的一支，他们在礼拜时进行非常活跃而生动的舞蹈，不停地旋转，挥舞着手臂。

警铃冥想

我把这个技巧称作哔哔冥想。它是一个“无为”的训练，因为它能够创造空间，而不是让你学习更多的东西并被“有所为”填满。它将你带入一个无为的状态，但是一些事却在你身上发生。在这种状态中，真我能显现，第二注意力能变得活跃，而内在对话可以被消灭。

意识不断地努力控制你，想将你拘留在外部庭院。它用行为、感觉，尤其是思考占满你所有的空闲时间，以期达到这个目的。然而这一切的“有所为”，没有一个真正深深地植根于潜意识，没有一个深深地通过潜意识共振。通过让“有为”占满你的时间，意识让你搁置于肤浅的表面，结果使你永远无法经验你的全部自我。

为了深刻地体验你的存在，你必须切断对思绪的依附，它们产生于意识头脑或者从外界进入到意识头脑。这时就需要哔哔声的帮助。在警铃冥想中，每当一个念头出现头脑中，你就说“哔（beep）”。大声说出来会更有效。不必与萦绕脑海的念头抗争。你不想把它推开（推开本身也是一种“有为”，它反而会给这个念头增加力量）。你想让它消散，而不让它转移你的注意力，影响你的情绪。

开始警铃冥想时，找一个舒适的位置坐好，背部挺直。开始用鼻子深呼吸，在吸气和呼气之间不做停顿。一两分钟后，或者当你感到放松之后，在心中确认：“我现在深度放松了。”然后，让意念滑向全然放松的“庇护所”。那是你在头脑里创造的一个地方。在那里，没有要遵守的约定，没有未付的账单，没有任何压力打扰你。在那里，你感到满足，没有焦虑、怀疑、不安全感，等等。在那里，你宁静地与自己和周遭共处。它可以是地球上的某个地方，或者是你在心里创造的一个地方。重要的是，对你而言，这是可以完全休息和复原的地方。当你在那里的时候，享受自己并完全放松。在你的庇护所中待上大约十分钟。保持清醒和警觉。保持专注，让第二注意力活跃起来，尽你所能地全然体验你的庇护所。

十分钟后，把意识带回你做冥想的房间。做一次深呼吸，更深些。然后开始留意进入你的头脑的念头。每当一个念头进入你的头脑，就说“哔”。说的时候，不带任何重音和力量。记住，你不是在把念头推离你的头脑。你只是在把自己与念头分离，防止你的头脑有意识地跟随任何一个思绪。这会搅乱你的意识头脑，创造出一些空间让潜意识突破，用它的觉知充满自我。当潜意识得到了空间，并与意识取得应有的平衡时，人就通过第二注意力体验世界，并直接体验到真我。在经历一些体验之后，人就能平衡第一和第二注意力、显意识和潜意识，在任何日常活动中，他都会开始感受到能量场：无论是周围的氛围、个人的能量场，还是宇宙场的放射。

我希望你继续用“哔”把头脑与念头分离，大约二十分钟。开始时，意识由于害怕它的位置受到威胁，会产生密集的念头来反击，有时候是可怕的负面念头。不要被吓到或者害怕。这是正常的，也是意识的软弱表现。记住，恐惧是意识所拥有的唯一真正的武器。意识向你投掷越多的念头，你就越多地发出“哔”的声音。一小会儿之后，（或许甚至在你的第一次冥想中），意识就疲倦了，并且接受了它的命运。此时真我就会出现，你将经验一些开放的空间，在那里根本没有念头。在二十分钟过后，在心中重复这个信念大约五分钟：“我是真我”，并注意你身体上、情绪上和心智上的感受。你会发现你的心智更清明，你会感觉很轻、充满能量，你会有一种全然的、深深的以自我为中心的完整感。我建议你至少每两天做一次这个练习，直到你能控制内在对话为止。

内庭

当内在对话得到控制后，学生就稳固地站在内庭之中。横隔膜象征性地划分了身体下部——腹部（外庭）和身体上部——胸腔（内庭）。只有那些物质居所（身体）和意识大脑次序井然的人，如先贤和牧师才被允许进入内庭。胸腔包含着心脏、肺、呼吸系统和胸腺。它们通过调节免疫系统来保卫身体的健康。横隔膜被认为间隔开了世俗的有形世界和高层的精微震动世界。在升入内庭后，学生就成功地迈出了心理—灵性整合的重要一步，从粗重的物质层面进入了精微层面，从有形世界进入了无形世界。

当跨过隔膜进入内庭后，学生就会急切地展开回忆和重拾的过程。通过整理自己的物质居所，一个人开始释放困在第一和第二个脉轮中堵塞的能量。能量开始顺畅地向上流入太阳神经丛中心。一旦跨越横隔膜，困在太阳神经丛和心口的能量就能被释放。《奥义书》中写道，“神，伟大的灵，宇宙的缔造者存在于人类心之深处。通过良好的共振，头脑的知识和心的直觉，主会被认出。”[5]

在《吠陀本集》中，心脏被认为是梵天的位置。它常常被描述为一朵莲花。当心轮能够自由地表达时，学生就开始有意识地体验到从这个脉轮放射的能量。在这时，莲花开始盛开并发出明亮的绿光，任何有超视觉力的人都能清楚地看见它。而且，因为心轮与眉心轮（第三眼）相连，打开心轮的人就能使用第六个脉轮的能量和觉知。而瑜伽传统告诉我们，眉心轮是我们高层意识自我的位置。

进入内庭后，学生开始进行更高层面的工作。通过星芒体（情绪体），他们学会直接把能量从心轮输送到眉心轮，也学会了利用高频率的普拉纳进行疗愈。此时，他们开始拥有圣徒保罗称之为“圣灵恩典”的智慧、知识、信念、疗愈、奇迹和预言的能力。在进入内庭后，初学者获得了这些恩赐，因为他们现在能够通过心轮进入眉心轮。

至圣之所

至圣之所对应着头部，这里有心理—灵性整合中最重要的四个器官：大脑、脑下垂体、松果体和舌头。大脑是头部最大最重要的组织，它统领着身体，就像大我统领着宇宙那样。

在大脑底部是脑下垂体，科学家和精神治疗师都认为它是精神感知的中心。它是内分泌系统的一部分，也可被看作是内分泌控制中心。因为在某种程度上，它对其他所有的内分泌腺都产生着影响。过去多年的研究已经证实了它在心理—灵性整合工作中的重要作用。1976 年，在研究多年之后，心理学家得出这一结论：脑下垂体中的长链氨基酸经过适当的转换后会释放内啡肽。内啡肽是人体受到压力和机械冲击的情况下自然释放的镇痛剂。人体中内啡肽的水平与人的快乐程度和对无条件喜悦的体验有关。一组医疗研究人员假设笑引发了内啡肽的释放。另一些研究则认为音乐、扩展锻炼，如慢跑、禅修、瑜伽冥想也能刺激内啡肽的产生。

紧挨着脑下垂体后面的松果腺和它一样，也是一种无导管的腺体，并且也是内分泌系统的一部分。它是圆锥体，大小如同一粒豌豆。有证据表明，它的功能与生长有关。一些医疗权威认为，它影响着性、大脑发育和智力发育。

但是，最近的研究发现，松果体和意识的不同状态以及超验的合一体验有关。大脑天然具有的褪黑激素由松果体合成，是诱发意识神秘体验的因素。褪黑激素与哈马林相关，也与迷幻药相关。哈马林是一种从亚马逊地区生长的卡坡木属葡萄藤中所提取的迷幻药。哈马林长期被生活在该地区的印第安人服用以获得意识的不同状态和超心理体验。难怪在许多部落传统中，松果体被视作超能量的所在。也难怪在许多古代的哲学家和科学家看来，松果体是灵魂的所在。在世纪之交，爱丽丝·贝利凭着她本人的直觉和洞见说过："松果体在童年时最旺盛，并随着年龄增长慢慢萎缩。这其中会不会有某种真正的联系和隐藏的真相呢？孩子们都相信并能认出神。基督说："天国在你里面，但你只有成为像孩童那样的人才能进入天国。"[6]

舌头在心理—灵性整合工作中是一个重要的器官，因为它就像一个转换开关，连接着两股流过身体并汇集于脊椎底部的气（能量）[①]。阳气流通过督脉沿着脊柱上行，止于口腔上部。调节器是主要的阳性能量通道。阴性能量通道始于舌头，沿着身体前部向下，经过生殖器官，直到脊柱底部，它被称作任脉。当舌头碰触口腔顶部，这两条通道就彼此连接了。能量在通道中不断地循环流动，形成了阴阳二气之间的和谐平衡。

头部对应至圣之所。通过了喉咙到达了头部区域，学生就激活了那些觉知和完整的中心。通过调和阴阳二气的流动，就能创造出能量系统的平衡。通过喉咙流向头部的堵塞能量被释放之后，能量就能流入并通

---

①"气"在汉语里是指流过经络和脉轮的能量。它常常与"普拉纳"一词互换使用。

过最高的能量中心，即第六个和第七个脉轮。这两个脉轮的物质显化是松果体和脑下垂体。一旦能量能够不受限制地从脊柱底部流到头顶，就没有什么能阻碍与宇宙场的合一。所有的障碍都被移除了，通过让真我融入宇宙意识和能量场，即大我，学生进入了至圣之所。

脊柱连接着人体的这三个区域。在秘传观点看来，这极为重要。在道教传统里，它是督脉的路线。道教告诉我们，两股气在脊柱底部进入人体。而密教经典告诉我们，昆达里尼性力量，即盘绕的蛇能量，也位于脊柱底部。密教经典告诉我们，这个“盘绕的女性能量”是身体最强大的心灵力量。当这个蛇力量被展开时，它释放出有力的普拉纳流，会激活位于脊柱周围的脉轮。古埃及人认为脊柱连接着上天堂与下天堂。这个比喻恰当地描述了昆达里尼的再生性。随着昆达里尼的展开，它使人的意识重生，并沿着脊柱向上移动。

身体富有秘密的象征。这些象征物是为了使人更深地欣赏他的身体。在心理—灵性整合中，身体被认为是人的精微体的外在表现。

这些象征把身体与精微体对应起来，并指出两者和谐互动的重要性。确实，一个人与物质世界的关系取决于他与身体的关系。一个人与他身体的关系必须是诚实的、滋养的，而身体与精微体的互动必须不受限制或阻碍。当能量在所有的体之间自由放射，当一个人“在他的身体里”，当他完全意识到他的身体，那么他就会很好地走上获得平衡、完整和无条件的喜悦之路。

第十一章
你和你的精微体

那些必不可少的往往不被肉眼所见。

——圣·埃克苏佩里

无形的世界

当我们从有形世界步入无形世界时，往往发现很多剖析人类精微系统的观念彼此冲突。我对人的精微剖析来自于对自己和学生们的精微体和能量系统的研究，也来自于我多年来发展出的，用来影响它们的一些技巧。正面的结果验证了我的理论的准确性，而我也尽我所能将自己的理论与主流的心理学及各种密宗系统进行对比和融合。

在密教、瑜伽、密传道教、印度教和荣格心理学体系里，我找到了许多同我的理念所契合的理论。这些体系对人类精微系统的剖析大体一致。它们把人类的各种精微体和身体看作“我”这个能量点的子场域。每一个子场域都在不同的频率范围内振动。

宇宙场被分为四个层次或者维度。它们中的每一个都渗透于另一个，

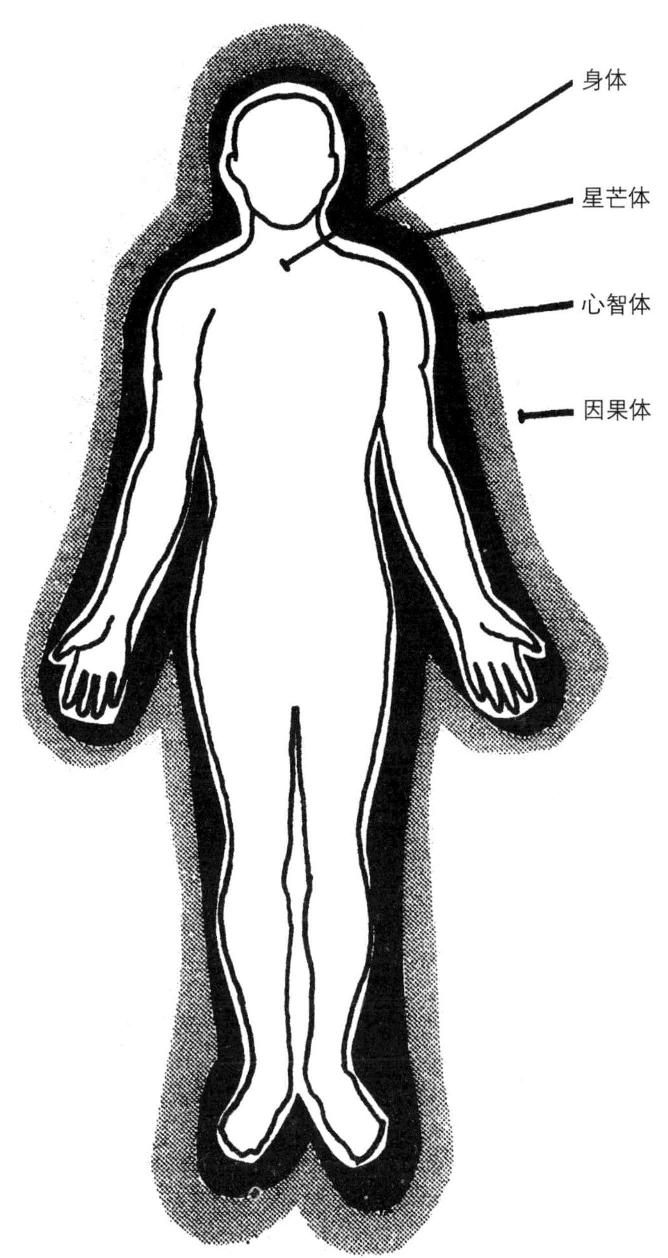

人类身体的不同层面

每一个都在某个频率范围内振动着。身体层面的振动水平最低，身体停留在这个层面。身体和渗透于身体的精微体的接触点是以太体的分身。它也是身体意识的媒介。

普拉纳把身体的感觉从神经系统传递到以太体。是沿着身体的神经流动的普拉纳形成了感觉。而感情是由特定频率范围的普拉纳引起的。尽管情感确实会引起身体内部的化学反应，但是它的源头并不在身体里，而在星芒体（情感体）内。脉轮通过以太体分身把情感传送到身体中。

每个脉轮[①]负责传输某个特定频率的普拉纳。就像我们的大脑把不同频率的光线解读成不同的颜色那样，不同频率的普拉纳也被解读为不同的情绪或感觉。每一个脉轮都和人类意识的一个方面有关。同时它们也是传感器，接收在特定频率范围的来自外界的能量。通过位于以太体分身表面的脉轮，和围绕着以太体分身的以太气场，我们得以体察他人的情绪。

星芒体

星芒体是由星芒层的物质构成的。星芒层的物质有着比身体物质和以太层物质更高的振动频率。通过和以太体分身连接，星芒体把心智体与身体连接起来。

只有当星芒体的功能被整合并且被完全察觉时，一个人才能感知到能量场，并灵活运用第二注意力。就像以太层物质与身体物质互相渗透

---

① 在以太体分身表面有七个打开的脉轮。它们的功能之一是充当在星芒体和身体之间的普拉纳必须经过的途径。

那样，以太体分身也与身体互相渗透；星芒层的物质与以太层的物质互相渗透，而星芒体和以太体分身也相互渗透，并且星芒体和以太体分身的尺寸和形状相同。星芒体的一个重要功能是（通过以太体分身）给身体提供能量，以保持它的感知能力，并保持身体与宇宙能场的连接。是星芒体把身体感官接收到的感觉传递给心智体。每人都拥有一个星芒体，虽然只有少部分的人感觉到了它的存在。在深度放松或冥想时，星芒体可能会短暂地挣脱身体的严格束缚，因此许多人会感觉到身体上下或者左右移动。

与以太体分身不同，星芒体完全存在于潜意识里。心理—灵性整合工作的一个重要部分是，意识到星芒体的存在，把它与自我的可见部分整合（身体和以太体分身），以及控制它的功能。完成星芒体的整合以及对其功能的体察后，人就会发现自己具有很多其他人不具备的能力。这些能力让人能够以某种方式影响和体验世界，这种方式在他人眼中近乎神奇。

一个人越是文雅，尤其是在情绪、感觉和喜好方面，那么他的星芒体就越精致。超视觉者会看到，这样的星芒体有着清晰的轮廓（与身体的形状相同），质地光滑透彻，颜色明亮清晰。相反的，一个人越不成熟、不文雅，所拥有的星芒体也就越发凌乱。超视觉者会看到，这样的星芒体看起来如同一团团的星际物质胡乱地向不同的方向移动着。它看起来黑暗，粗糙，并且模糊了身体的轮廓。

一个人越是感到放松，越能表达爱、同情、怜悯等高尚的感情，星芒体的振动就会越高，它的颜色就会越明亮。星芒体是负责情感的精微体，而情感能量在心理—灵性整合工作中的作用不可低估。因此，学生们有必要有意识地控制星芒体的功能。

互引力

人们之间的情感互动是通过星芒能量射线和能量场进行的，这符合互引力原理。这个原理认为，同类相吸，不论一个人是否愿意，从他的星芒体放射出的特定情绪或者能量频率都会吸引同样的能量频率。这种磁力定律或互引力定律不仅适用于物质意识世界也适用于有着更高振动的精微世界。因此，虽然一个人可能有意识地发出一个特定信息，比如“我要成功”，但是这个信息也可以被抵消，因为在星芒层面上，他可能永远在颠覆自己，他通过投射出相反的能量来发出相反的信息。

人们在潜意识中储存的恐惧、愤怒和痛苦位于星芒体和它周围的以太气场里。它们振动并从星芒体和以太气场流入周围环境，这种潜意识的、很大程度上不受控制的能量流动，给人招来类似的能量。人们的恐惧吸引恐惧，痛苦吸引痛苦，愤怒吸引愤怒。因此，尽管一个人有意识地寻求成功、快乐或者爱，他潜意识中的愤怒、痛苦、怨恨、嫉妒或者对成功的恐惧都可能妨碍他实现有意识的渴望。

通过星芒体，可以感知到他人的情绪或感觉，或者一个房间或环境的氛围。这种能力的发展因人而异，但是对它的培育是重要的。通过感知自己对环境的影响和环境对我们的影响，人们得以在每一个当下找到自己在世界中的正确位置。

不论我们在世界上遇到的其他能量频率是否与我们自己的能量一致，重要的是，我们要觉察到什么样的能量频率进入了我们的个人能量场。因为，我们的生活和谐与否可以归咎于我们所生活的氛围有着一个和谐的或是不和谐的人类能量场。

如果你让自己处于带有潜藏的感觉的人们中间，尤其是当你周围的人有着压抑和储藏在他们星芒体里的痛苦、愤怒和恐惧，那么，你会反过来被这些场影响。因为，能量从他们的星芒体释放出来，而这种能量会被你的星芒体吸收。无论意识多么努力地阻挡，也不能阻止这些潜意识释放。如果一个人不能够有意识地释放他或她所压抑的情绪，那么它们就会滞留在那个人的星芒体的存储区域。这时，不论一个人的意图多么积极，这些潜意识的情感都会影响到他身边的人。而当他身边的人无法适当处理这些接收到的情绪时，矛盾就出现了。

人们在理解能量场时，最大的问题之一就是，思想和情感的能量是自发地来自于人们自己的能量场呢，还是来自于另一个场并通过意识或者潜意识的投射进入了人们的能量场呢？以下指南将帮助你区分哪些感觉和思想（普拉纳频率）产自你的个人能量场，哪些是从外界进入你的场的。

1. 思想优于情感：如果你开始感到某种与你的思考无关的东西，那么它很可能不是你的感觉，而是来自外界能量场的感觉。

2. 与你当下所做的事情无关的情感和思想往往也不属于你。

3. 外界强加于你心中的强烈情感并不是你的情感。它们是从外界场投射给你的。

4. 那些你想要消除却反复出现的感觉和思想不是你自己的。它们来自于你的能量场之外。

5. 突然而剧烈的情绪变化是由于你进入了不和谐的能量场。

6. 改变、谴责、烦扰和不断的指控“你错了”，都不是来自你的个人能量场。

7. 突然的虚弱或精疲力竭，以及迷惑和焦虑都来自能量场之间的不一致。

8. 与你当下的行为不相符的身体感觉，如，热量、压力、激动等等，是由外界场产生的。

心智体

星芒体被心智体渗透。心智体发放并接受信息，并从我们的心智层面获取养分。它由比星芒层面更加精细的物质构成。心智体是由精神物质的转化构成的（转化发生在精神物质的振动频率降低时）。心智体连接着星芒体和因果体（精神体）。因果体的振动最高。

心智体处理各种思想形式，梵文把这些思想形式叫作 Rupa。它处理具体思想、直觉和各种超常的能力。例如超视觉和超听觉。心智体对它们的处理是通过处理源于精神体的抽象思想，并把抽象思想用于具体情况来进行的。

这个过程如同源于贮水池深处的气泡的形成和破裂。贮水池代表潜意识——几乎被隐藏的真我的本质。气泡中隐形的成分来自于宇宙场中的一个更深的未知源头。只要这个气泡仍在水下，它承载的内容就仍在潜意识头脑里，几乎无法触及。但若这个气泡升至水面，它承载的内容就跨越了那个潜意识头脑和意识头脑之间的无形界限。在它跨越界限的关键一刻，如果在那一刻这个人真正觉察而且已经整合、平衡了直觉思想与理性思想，那么，他就能获得气泡承载的信息并且用意识头脑抓住它，把它立即用于实际的具体情况，而不是丢失它。如果有意识的心智活动没有与潜意识的心智活动整合，那么就不可能这种把抽象思想转化为更加具体的思想。因为在潜意识直觉头脑与理性意识头脑之间有一条鸿沟。

由于心智体和星芒体之间紧密的联系，当前者受到来源于后者的多愁善感影响的时候，前者的真正功能会被扭曲。（多愁善感产生于星芒体内过多的能量）。此时，心智体就被想要身体健康和舒适的思想所主宰。结果，心智体的正常功能会遭到破坏。这时，心智体被局限于世俗事务中。然后它的主要功能就变成了根据生存法则理性地解决问题，而生存法则认为最大的善是保证身体生存和个人安康。但是，这是对心智体的真正本质的扭曲。心智体真正的任务是充当真我的心智媒介。

影响心智体的方法有三种：第一种方法是从上至下的，这发生在来自于因果体的抽象思考进入心智体的时候。这调动了心智体的物质，反过来把所吸收的抽象思考转化为可理解的东西，即具体思想。这种形式的思想本质上是直觉性的，通常是以洞见或直觉的形式出现。这种类型的思想通常被体验为画面或声音，最高形式就是希腊人所说的“净化”（catharsis），即对某事物真相的一次突然而深刻的洞察。净化通常被认为是一睹事物真相的稀有机会。但是，我发现净化可以被培养出来，它可以变成一种普通的甚至是可控制的体验，可以被用来创造性地解决问题。

第二种影响心智体的方法是通过身体和星芒体影响它。如果我们从身体层面影响它，那么影响的过程基本如下。首先，身体受到来自物质环境的事物的刺激。这种感觉或信息从身体和感官传递给以太体分身，使以太体分身受到影响并开始振动。以太体的精微物质会影响接收感觉的星芒体，而感觉通过普拉纳（生命能量）被转送到心智体，心智体通过振动对它做出反应。这种振动刺激思想的产生。向这个方向移动的思想可以结束于心智体。如果是这样，它们就以言语思想的形式出现。当这个过程一再重复的时候，就产生了内在对话。如果因果体与心智体之间有哪怕一丁点的整合，那么这种振动就会穿过心智体，接触到因果体并在因果体内产生脉动，这会反作用于原来的思想并提高它的振动。这种情况下，这种振动会返回心智体，不是以言语思想的形式，而是以视觉或音乐思想的形式。

第三种影响心智体的方法是通过直接来自他人头脑的思想来影响它。当一个人学会了如何平息自己心中的内在对话时（哪怕只是对话中的一部分），他或她就会开始认识到许多看似自发于自己脑中的思想其实是他人思想的投射。通过关注思想的品质，人就能学会辨别和区分哪些是自己的思想，哪些不是。

具备这种辨别能力的人，甚至能够识别出进入他头脑的思想的源头和品质。于是他就能够选择拒绝对自己有害的思想，接受有益的思想。一段时间后，当心智体完全运作时，它会只吸引有益的、提供能量的思想，而自动拒绝使人丧失力量的或者有害的思想。

抽离

人们的大部分困难开始于心智体，因为心智体的整合程度通常低于较低（层次）的体。普通人一般认同于自己的身体、人体的感觉以及以自我为中心的意识。但是，一个整合了的人重获了心智体的全部能力，能够在专注力和意志力上彰显巨大的力量。他甚至可以把心智体的功能与星芒体和身体的功能区分开来。从而，他获得了对整合工作而言至关重要的“抽离”。抽离不应与分裂混淆，后者是分离的结果。当一个整合了的人把他自己体验为所有自我的合一时，就达到了抽离。只要人认同于较低（层次）的体（星芒体、以太体和身体），他就不能达到抽离。当一个人达到了抽离时，他就经验到更大的个人自由和弹性。因为恐惧和欲望这些较低（层次）的体的功能，对他和他的行为几乎没有影响，他的行为和决定只基于他的直觉和对法的清晰洞见。

因果体

贯穿整个人类进化的，人类属灵不灭的那个部分，有着许多的名称。古代埃及人把它叫做“扎”。在《奥义书》中，它被叫作“阿特曼”。在密教经典里，它被叫作“卡拉那撒瑞亚”。神智学者采用了“卡拉那撒瑞亚”的说法，把人类的神圣部分称为因果体。当谈到因果体时，我们超出了性格的范畴，接触到一种神圣的本质。它是不可毁灭的，也不能被描述出来。有人问罗摩克里希那，“主怎样降临到身体里？”他答道：“主在身体里，就如同塞子在针筒里——即，在身体里，却又与身体分离。”[1]我们应当牢记，因果体与其他的精微体不同，因果体是我们的一部分却又不是我们的一部分；它现在是，并且过去也是，那条把我们与万物连接并且以它的精髓深深影响我们的神圣之线。

相互渗透法则解释了我们的因果体和振动频率较低的各个体的位置，以及它们的相互关系。

就像手伸进手套里那样，高频体嵌入低频体里面。然而，当谈到因果体时，情况却有些不同了。因果体不仅嵌入心智体，因果体直接与宇宙场相互渗透。通过因果体，一个人参与到宇宙场中，并且与宇宙中的一切其他事物相联结。在因果层面上，不可能中断这种联结。分裂出现在位于心智体里的头脑层面，并向下逐层裂变。在任何环境下，因果体都不能与宇宙能量和意识场分离。因果体是我们内在的神圣火花，是震动频率最高的体。

因果体在宇宙场中休息，并直接从宇宙场中获取养分。它从来没有，也永远不能与宇宙场分离。最光辉、最有力的精神能量经由精神层面进入一个人。从那里，能量通过降低它的频率而转化，使得能量可以被一些较低（层次）的体用于较低层面。这些较低（层次）的体包括：心智体、星芒体、以太体和身体。

接受了我们与宇宙场的合一，就知道对心理—灵性整合工作来说，因果体的存在是必要的。因为合一是宇宙最初的状态，合一至今仍然存在，还将继续存在，直到永恒。每件事物都是宇宙的表现形式，因此，也是宇宙的一部分。如果我们相信我们存在于宇宙之外，或者相信我们能够完全不依赖于宇宙，是愚蠢的。这就像手指头认为它能独立于手而存在，或者它能够独立于整个身体而被单独定义。

> "宇宙中，既有会腐朽的状态，也有不朽的状态，
> 既有显现的，也有未显现的形式，
> 既有因，也有果。
> 宇宙由宇宙的主（上帝）掌管，
> 是主，他自己，
> 为了欣赏他自己的创造，
> 将自己囚禁于每一事物之中。
> 又是主，在了解他自己的真我之后，
> 让他自己从（这人世间的）一切束缚中解脱。"[2]

第十二章
脉轮与脉轮冥想

未知对普通人来说是多余的，因为他们没有足够的能量去掌控它。

——卡洛斯·卡斯塔尼达

《内在的火焰》

精微能量系统由经脉、三个气场、丹田和七个脉轮构成。经脉把普拉纳（生命能量）传递到精微体。三个气场是环绕着四个体的能量库。丹田位于肚脐往下三指的位置。（肚脐是平衡其他一切的支点。）

七个脉轮沿着脊柱排列，直至头部。它们是能量中心、大门和转化器。头部连接着经脉与环绕着身体和精微体的三个气场。它们像天线那样，收集或感应到进入一个人的个人能量场的全部能量。个人能量场向外分层延展，平均最多可以往各个方向延展到大约距离身体 26 英尺远。

脉轮处理和分配经由各个经脉和气场进入脉轮的能量。而且，脉轮把能量频率转化成各种人类能理解的感觉，即，思想、情绪和身体感受。脉轮转化能量，如同眼睛折射光线一样。不同频率的光线进入大脑后，被解释为各种颜色。脉轮通过折射精微能量，实际上是把能量分解为独特的、对人产生影响的意念。此外，每个脉轮都充当进入个人能量场的某个频率范围的能量的通道。

除此之外，脉轮还充当着转换器、转化装置。可以把精微能量系统比作电路。能量从不同的能量源进入精微能量系统。脉轮使能量提高或下降。通过脉轮转化能量的频率，能量就能够履行某个层面所必需的所有功能。当任何一个体处于能量不足的状态时，转化就可以发生。当身体或某个精微体需要能量时，某个适当的脉轮把相邻的体的能量频率加以转化，能量就能从相邻的体转移过来。这正是精神疗愈的运作方法，星芒体和心智体的多余能量被转化，被身体用来治愈身体自身。

转化不仅限于一个方向。它可以发生在四个方向上：向上、向下、向内、向外。能量在精微能量系统里也沿着这四个方向流动。能量由第七个脉轮向下移动，并被脉轮转化。第七个脉轮是最高频率从因果层面进入人体的大门。来自身体的能量可以被转化并用于更高的体。来自周围能量场的能量可以被转化，它经由人的气场进入感应到它的频率的某个脉轮。最后，一个人可以从他或她的脉轮投射出能量射线，并用这些能量射线转化另一个人的能量系统里的能量，使它提高或下降。

藤原浩·元山告诉我们，“脉轮被当作能量转移的媒介、两个相邻的生命维度之间的转换、辅助某个体和它相应的灵之间进行能量转换的中心。”[1]

根据大多数权威，人的精微体具有七个脉轮，它们在以太体分身的表面敞开（或者我们可以说它们的莲花出现在以太体分身表面）。脉轮本质上是跨维度的，因为它们是能量转化器。每个脉轮至少跨越两个层面：身体 / 星芒体、星芒体 / 心智体、心智体 / 因果体。然而，我们必须记住，把宇宙划分为各个层面是为了帮助我们理解多维度的宇宙而进行的简化。

七个能量中心有两个源自头部，五个源自脊柱。要想体验到完整和无条件的喜悦，能量中心必须全部打开并取得平衡。不幸的是，很少有人能全部打开脉轮并取得平衡。相反，对绝大多数人来说，脉轮是变化的。脉轮的变化取决于在某个既定时刻，一个人对每个层面的知觉程度，以及压力或恐惧引起了多少脉轮阻塞。这些条件在每个人的一生中变化很大，因为个人在给定情况中的整合水平不同。

确定哪些脉轮受到堵塞的一个简易方法是，你只要留意，当你超负荷并且不能处理流经你的精微能量系统的全部能量的时候，你身体的那些部分是僵硬的或者开始疼痛。例如，当你超负荷的时候，如果你头疼，那就是你的第六个脉轮——三眼轮受到了堵塞。如果你喉咙开始发紧，好像有只“青蛙”在你的喉咙里，或者你脖子后面或者肩膀发僵、开始疼痛，那就是你的第五个脉轮——喉轮堵塞了。当你有压力的时候，如果你的心脏开始猛烈跳动或者有心悸发生，那么堵塞就位于第四个脉轮——心轮。

当你感到腹部发紧，或者腹部开始疼痛，制约就位于第三个脉轮——太阳神经丛脉轮。而第二个脉轮性轮的堵塞，可以表现为肠道疼痛、消化问题、尿路问题或者性功能障碍。当第二个脉轮堵塞时，女人可能会有月经中断。位于脊柱底部的第一个脉轮的堵塞，也可以表现为消化问题或者排便困难。

健康与特定的脉轮活动有关，一个人的行为与亲密关系的质量有关。当一个人的第六个和第七个脉轮打开并正常运作，但是心轮受到堵塞，他将会难以表达强烈的感情并会专注于精神生活而不去寻求令人满意的亲密关系。当一个人的太阳神经丛脉轮被堵塞，他可能在其他方面都很平衡。他或她可能能够去爱、能拥有健康满足的性生活，但是他或她的归属感、满足感和做出承诺的能力会受阻，并会难以维持关系。

通常，一个人越投入高层的脉轮就变得越活跃。然而，很少有人能使第六个和第七个脉轮畅通的同时，使低层的五个脉轮也打开并保持平衡。因此，很难找到在内心深处不感到空虚的人。大多数人都陷入了他们的动物本性，而主要调动了前五个脉轮。

爱丽丝·贝利认为，在当前人类进化的状态下，“喉轮正在被人们感觉到，而顶轮和心轮仍在沉睡。”[2]

海底轮

第一个脉轮位于脊柱底部，尾椎区域。在梵文里，它被叫作海底轮（Muladhara chakra）。Mula 的意思是“根”，adhara 的意思是“支撑”。它发出炙热的红色。第一个脉轮代表着大地，具有阻抗性（潜意识本能、欲望）、坚实可靠。它向下，向着大地的方向打开，这本身就表示它是一个人和自然环境的重要连接。通过第一个脉轮，来自大地的能量进入精微能量系统；也是通过第一个脉轮，一个人感觉到他和大地的连接。当第一个脉轮正常运作时，人能够意识到他的生命不是与他的星球分离的。他出生在这个星球上，死亡时也将回归到这个星球。

对心理—灵性整合来说，第一个脉轮尤其重要，因为他是昆达里尼的所在。在道教传统里，它是三条主要经络的起点。我们必须把它也当作一个系统的一端，而这个系统的另一端在第七个脉轮开放。为了使该系统保持适当的压力，第一个脉轮必须被打开，并与第七个脉轮取得平衡。此外，每个脉轮都有责任维护身体的某个特定区域的健康。第一个脉轮控制着从臀部底部到性器官上方之间的水平区域。它控制着排泄和食物消化。小肠和结肠的健康和适当功能，要依靠第一个脉轮的正常运作。因为第一个脉轮能够影响前列腺，它对性健康，尤其是对男人的性健康有影响。有些专家认为，第一个脉轮也掌管着肾功能。

海底轮冥想

每个脉轮控制着某个频率范围的能量流入和流出，这些能量来自身体或者一个或更多的精微体。要理解这一现象，仅从心智上，或者甚至在潜意识层面体验它，都是不够的。重要的是，当能量进入、通过和流出每个脉轮时，要有意识地体验它，要有意识地调节能量。我创造了一系列的冥想，来帮助你有意识地体验、调节和整合脉轮的各项功能，把脉轮的功能与精微能量系统的其他器官整合。在海底轮冥想中，我想让你感觉到能量流经第一个脉轮。然后让你接触到你的大地本性的意识中心，并让你成为这个排除其他一切的知觉。

要开始海底轮冥想，首先必须与海底轮的能量连接，并提高这个能量。提高了能量水平，就更容易体验到这个脉轮的能量，然后体验到知觉。知觉是这个脉轮创造的子场域的表现。首先，找到一个舒服的姿势，最好是背部挺直，闭上眼睛，开始瑜伽呼吸。用鼻子深呼吸，在吸气与呼气之间不做停顿，让自己放松。慢慢来，让自己感觉到自己的身体。最容易的方法是，留意你的呼吸大约五分钟，随着每一次呼吸允许它越发深入，更有节奏。大约五分钟后，把你的注意力带到位于你脊柱底部的第一个脉轮。如果你不知道它究竟在那里，没关系。把你的注意力带到你认为是第一个脉轮的位置。然后开始从你的第一个脉轮吸入和呼出。

我想让你感觉到，在每一次吸气时气息没有停止在肺的底部，而是继续向下流动直到你的脊柱底部。在吸气和呼气之间没有间歇，从鼻子自然地呼出。在每一次呼气时，感到好像你的脊柱底部的能量正在增强。你会感到能量是一种热量和力度，它随着每一次呼气而增强。随着能量的增强，观想它，把它看成一个火热的红色能量球。接下来的两三分钟，继续体验和观想这个越发明亮的能量球。让你的意识向下移动，直到它到达你的脊柱底部，并聚焦于那个能量球。对大多数人来说，意识聚集在肩颈周围的某处。成为那个能量球，感觉你自己正被向下拉入大地。

此时，留意你身体上、情感上和心智上的感受。一些人会在每个层面上都有深刻的变化。一些人会体验到与大地有关的意象、与生命循环有关的意象、死亡和重生。一些学生报告说，体验到了连续性的感觉、与其他生命形式的和谐，或者体验到了与大自然和地球母亲有关的安全感、伙伴关系和归属感。

通过重复做这个练习，你会了解你的大地本性的不同面向和你与大地的连接和相互依存的关系。我建议你至少用十分钟完成这部分的冥想。十分钟以后，或者当你感到满意以后，用鼻子深深吸气。当你呼气时，在心里说："每次我达到这样的意识层面，我都学会了进一步地、更有创造性地使用我的心灵。"接着，让你的呼吸恢复正常，释放那个脊柱底部的能量球，和与第一个脉轮有关的意象。然后，让你的意识回到房间里，并放松下来。一小会儿之后，在心里从 1 数到 5。当你数到 5 的时候，睁开眼睛。你会感到非常清醒、完全放松，比以前感觉更好。

生殖轮

第二个脉轮叫作生殖轮（Svadhisthana）。Sva 的意思是"是它自己的；

属于它自己的”。Dhisthana 的意思是“它实际的地方”。这个定义对我们的工作的重要性在于，认识到一个人主要是通过第二个脉轮来体验到与他的身体表现相关的深切感受。第二个脉轮位于生殖器上方。它调节性能量，这远不仅是身体的性快感和性欲。它是创造性的基础。通过它，一个人体验到孩子般的好奇和对宇宙显现的激动。用第二个脉轮，一个人体验到世界是一个神奇的地方。这也是一个男人体验到他内在的男子气概、一个女人体验到她内在的女性气质的地方。孩子们很少限制他们第二个脉轮的能量流动，因此直到青春期，孩子都保持童心。但是因为所有那些禁忌和与性有关的限制，在成年人身上很少见到能量适当地流经这个关键的能量中心。

纯真和好奇没有像通常认为的那样，因性成熟而消失。相反，他们是因为第二个脉轮的堵塞而消失。对大多数人来说，第二个脉轮的堵塞是从青春期开始的。

在工作中，我经常听见我的学生说：“我想成为一个完全的人”或者“我想成为一个完整的、自我实现的生命”。但是，我发现根本没有自我实现的人。只有自我实现的男人和自我实现的女人。

只有一个人重拾作为一个男人或者一个女人的感觉时，才能获得回忆、重拾和重聚。这只有一个方法：一个人得开拓他或她自己最人性化的部分，即第二个脉轮和与它相关的子场域。

根据瑜伽文献，生殖轮位于第一个脉轮海底轮的前上方。它控制着很多盆腔器官，包括尿路和性器官。它也影响着其他消化和排泄器官，但是因为它邻近第一个脉轮，很难把它对身体的功能与海底轮的功能区分开。密教经典告诉我们，生殖轮掌管穿过骶骨的五节椎骨的普拉纳（生命能量）的流动。密教文献也认为，生殖轮与水元素有关。

因为邻近丹田，第二个脉轮对普拉纳的恰当流动和分布起着至关重要的作用。

在生殖轮冥想中，试着与那个意识中心连接。它体现了你神奇的、感性的天性。这种天性充满了好奇和兴奋，能够看见其他一切生命，并不断地参与入迷的创造。除去其他一切，留意你天性中的这个部分。

生殖轮冥想

要开始做生殖轮冥想，先找到一个舒服的姿势，背部挺直。闭上眼睛，开始瑜伽呼吸。用鼻子深深呼吸，在吸气和呼气之间不做停顿，让自己放松。慢慢来，用大约五分钟，跟随你的呼吸，留意你的身体。大约五分钟后，把你的注意力带到你的第二个脉轮。它就在性器官的上方。然后把你的呼吸带到第二个脉轮。每一次吸气时，感觉性器官周围的能量在增加。你会感到能量是一种热量和力度，它随着每一次吸气而增强。随着能量的增强，观想它，把它看成一个橙色的能量球。接下来的两三分钟，继续体验和观想这个越发增强的、越发明亮的能量球。

然后，让你的意识向下移动，直到它到达紧邻性器官上方的一个点，并聚焦于那个能量球。成为那个能量球，感觉你自己由那个能量中心开始，经由你的身体向外发射光线，直到外部环境。感觉从第二个脉轮放射出的能量，充满神奇和惊奇感。一些人可能感到自发的能量爆发，能量沿着脊柱上下流动或者穿过身体。在梵文里，这被叫作洁净法（Kriyas）。这是正常的，享受吧。你可能感觉它是一股能量热流，或者流经身体的震动。这些感觉与能量流动增加有关系。留意你体验到的变化——观察它们，但是不要试图影响它们。过一小会儿，你会开始体验到与第二个脉轮有关的意象。一些意象可能起初是与性有关的，但是如果你不去认同它，或者不与它连接，性的意象就会过去。它会被与创意过程有关的画面取代。

至少用十分钟完成这部分的冥想。大约十分钟以后，或者当你感到满意以后，用鼻子深深吸气。当你呼气时，在心里说："每次我达到这样的意识层面，我都学会了进一步地、更有创造性地使用我的心灵。"接着，让你的呼吸恢复正常，释放你第二个脉轮的能量球，和与它有关的意象。然后，让你的意识回到房间里，并放松下来。

一小会儿之后，在心里从 1 数到 5。当你数到 5 的时候，睁开眼睛。你会感到非常清醒、完全放松，比以前感觉更好。

脐轮

第三个脉轮叫作脐轮（Manipura）。Manipura 在梵语里的意思是"珠宝之城"。它位于心口附近，是性格的基础。它负责吸收食物，并控制着人体从大约心口上方两指往下直到大约脐上两指之间的水平区域。我们被告知，当这个脉轮被打开并正常运作时，人会获得平静，甚至能够在痛苦中保持平静。

第三个脉轮掌控着太阳神经丛中心，它对一个人与世界、他人、地方和事物的关系有着重要作用。我们连接的能力、归属的能力、发展长期亲密关系的能力、对家庭、亲人和国家的爱等等，都与第三个脉轮的能量有关。而且，满足感和信任感也是由太阳神经丛调节的。一贯性是太阳神经丛脉轮和其他脉轮（尤其是控制四种强烈感情的心轮）的最大区别。由它放射出的能量是精微能量系统里频率最一致和统一的。如下图所示，穿过心脏的频率，振幅变化很大。如果用图像来表示，他们就像下图所示：

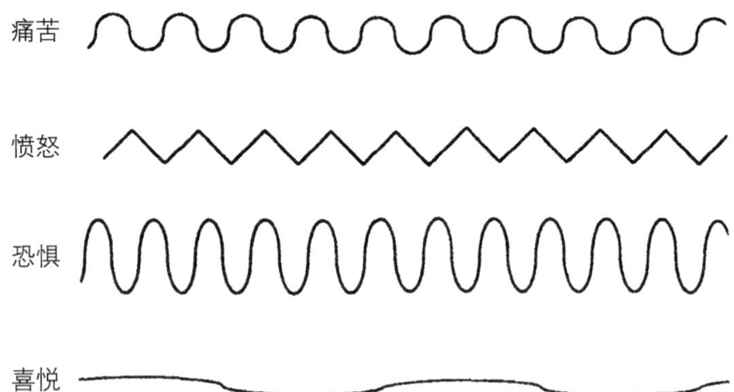

与太阳神经丛有关的频率更加稳定。他们具有可靠性和可预测性。太阳神经丛放射的频率更接近于下图：

至于长期亲密关系，我的经验是，来自心里的爱不够稳定，不足以打造完整的、牢固的纽带来让双方无限期地维持关系。为了使关系持久并让关系带着信任成长，双方必须从太阳神经丛和心轮相互连接。来自太阳神经丛的能量支撑着承诺和信任。要想相守一生，这两种能量放射必须流动顺畅。

如果扰乱第三个脉轮的功能，就无意间阻碍了能量通过横隔膜。因此，能量就不能从更接近世俗的频率转换为与精微体和精神觉知相关的频率。不幸的是，如果阻塞了能量从太阳神经丛自由放射，一个人就切断了自己对精微体有意识的觉知、隔绝了来自内在中心的真我。这样的话，自我的适当发展被扰乱，自我在意识层面过度发展。第三个脉轮堵塞的主要原因是，对不被他人爱的恐惧，和对释放儿时经历的分离痛苦的恐惧。因此，恐惧往往积蓄在腹部。

脐轮冥想

在脐轮冥想中，你有机会接触到超越意识头脑的觉知。在这个冥想里，你会接触到那个超验的自我，它允许你体验和共情于他人，并与他人深深连接。通过有意识地体验第三个脉轮的放射，你会超越对“我”的关注、体验到忘我，这让你能够与其他人连接，并为此感到深深的满足。

要开始做脐轮冥想，先找到一个舒服的姿势，背部挺直。闭上眼睛，开始瑜伽呼吸。用鼻子深深呼吸，在吸气和呼气之间不做停顿。随着你进行瑜伽呼吸，让自己放松。用大约五分钟，跟随你的呼吸，留意你的身体。大约五分钟后，把你精神的关注带到你的第三个脉轮，它就在你的胸骨下方。开始从它那里吸气、呼气。在每一次吸气时，感觉太阳神经丛里的能量在增加。你会感到能量是一种热量和力度。随着能量的增强，观想它，把它看成一个金黄色的能量球。接下来的两三分钟，继续体验和观想这个越发明亮的能量球。然后，让你的意识向下移动，直到它聚焦于那个能量球。成为那个能量球，感觉你自己由那个能量中心开始，经由你的身体向外发射光线，直到外部环境。当你放射能量，你会感到你自己开始融化。

你会感到你自己正变得像水和液体那样。当你的意识从那个中心放射出来，你会感到深深的共情。这种共情是信任和满足的结果，它将使你能够同情自己和他人的痛苦和遭遇。臣服于这些感觉，让它们流经你。用大约十分钟完成这部分的冥想。大约十分钟以后，或者当你感到满意以后，用鼻子深深吸气。当你呼气时，在心里说："每次我达到这样的意识层面，我都学会了进一步地、更有创造性地使用我的心灵。"接着，让你的呼吸恢复正常，释放你的第三个脉轮的能量球，和与它有关的意象。然后，让你的意识回到房间里，并放松下来。一小会儿之后，在心里从1数到5。当你数到5的时候，睁开眼睛。你会感到非常清醒、完全放松，比以前感觉更好。

心轮

第四个脉轮叫作心轮（Anahata）。它的梵文意思是"不败"。它位于与心脏反向的区域，即颈部第八节脊椎骨。这个脉轮与风元素和触觉有关。它控制着从锁骨到太阳神经丛上方大约两指的水平区域。从脐轮跨越到心轮是有难度的。

越过横隔膜，一个人就从身体殿堂的外庭到了内庭。通过这一步，一个人开始认识到，"自我"是不能被定义的……它总在变化着，它要适应不断发生变化的可能光谱。在某个时刻，哪个自我会占据支配地位，是由一个人的能量水平、内在和外在环境所造成的情形所决定的，一个人必须适应这些情形。

心轮与同情和疗愈有关，它发出一种明亮的翠绿色。心轮是光和爱的源头，不仅是人类之爱，而且是神的爱。《圣经·新约》把这神圣的爱，诗意地描述为"流出活水的河"。

里德比特告诉我们，当心轮被唤醒时，它赋予人一种能力，让人能够"与其他灵魂的实体共振，从而能够本能地理解他们的一些感觉"。[3] 这只不过是用另一种方式来表达，通过打开心轮人能够获得感知能量场和氛围的能力。此外，打开心轮后人还能通过心轮向其他人放射能量，从而正向地影响其他人的场。脉轮疗愈主要就是这样。通过心轮和眉间轮（第三眼）的共同运作，一个人能向另一个人放射能量射线，这种能量会对他们有疗愈效果。胸腺位于心轮上方，它对身体的免疫系统有调控作用。如果心轮的正常运作受阻，胸腺的功能也会受阻。因而，免疫系统会受到抑制。

作为星芒体的入口，心轮可以被看作是人的情感生活的调节器。心轮调节着欢乐、痛苦、恐惧和愤怒的程度和相互作用。然而，要让这些情感顺畅流动、正常释放，心轮必须打开，并与其他脉轮取得平衡。如果心轮受到任何阻碍，情感就会被扭曲。如果一个人出于恐惧阻塞了所谓负面情感的流动，实际上就阻碍了所有情感的正常流动。也阻碍了能够向外放射而变成爱的欢乐。此外，当心轮受阻时人会难以保持平衡，因为能量不能在身体和精微体之间恰当流动。因而，人失去了与身体的连接，因为来自星芒体、穿过以太体分身的感觉不能到达身体。身体的麻木，是人的情感身体和情感生命麻木的外在表现。

在传统瑜伽里，心轮被描述为通往灵魂的大门。几个世纪以前，瑜伽修行者认识到，宇宙以真我为媒介，经由心轮到达人的精微体和身体。

“爱在这里，不是我们爱神，而是神爱我们……神就是爱，住在爱里面的人就住在神里面，神也住在他里面。”[4]

宇宙通过心轮与人连接。劳伦斯弟兄描绘了唤醒心轮、让自己通过爱与宇宙重聚的体验。

除了那些我不得不做的，我停止了所有形式的奉献和祈祷。我让自己只坚持他的神圣存在。我让自己保持专注，和对神的喜爱。我把这称作与神同在，或者说得更好些，是习惯性的沉默和与神的秘密对话。这常常给我带来向内的，有时是向外的欢乐和狂喜。它们如此强烈，以至于我不得不采取措施缓和它，并防止它们被人看见。[5]

心轮冥想

在心轮冥想里，你会接触到自我的显现，这是心轮的功能之一。要开始冥想，先找到一个舒服的姿势，背部挺直。闭上眼睛，开始瑜伽呼吸。用鼻子深深呼吸，在吸气和呼气之间不做停顿，让自己放松。慢慢来，用大约五分钟，跟随你的呼吸，留意你的身体。五分钟后，把你注意力带到你的第四个脉轮。它就在你的胸骨中央。然后把你的呼吸带到第四个脉轮。在每一次吸气时，感觉心轮周围的能量在增加。你会感到能量是一种热量和力度，它会随着每一次吸气而曾强。随着能量的增强，观想它，把它看成一个有着翠绿色光芒的能量球。接下来的两三分钟，体验和看着这个不断增强的、越发明亮的能量球。让你的意识向下移动，直到它到达你的胸部中心，并聚焦于那个能量球。成为那个能量球，感觉你自己由那个能量中心开始，经由你的身体向外放射能量，直到外部环境。

感觉超然的爱，它发自心轮。留意你在身体上、情感上和心智上感受如何。你越聚焦于心轮，就会越感到你体内的基督的“神秘的心”。当活水之河穿过你的心，你会全身颤动。灼热的能量流会遍布各处：沿着腿向下，直到它们令你的脚底振动、穿过你的胳膊和手、向上直达头顶。

你会体验到一股温暖有节奏地从心里流出，填满整个身体。当你臣服于穿过心里的能量时，你会体验到对自己和其他所有人的同情和无条件的爱，你会体验到耶稣说的出人意料的平静。用至少十分钟进行这部分的冥想。大约十分钟以后，或者当你感到满意以后，用鼻子深深吸气。当你呼气时，在心里说："每次我达到这样的意识层面，我都学会了进一步地、更有创造性地使用我的心灵。"接着，让你的呼吸恢复正常，释放你的第四个脉轮的能量球，和任何与它有关的意象。让你的意识回到房间里，放松下来。一小会儿之后，在心里从 1 数到 5。当你数到 5 的时候，睁开眼睛。你会感到非常清醒、完全放松，比以前感觉更好。

喉轮

第五个脉轮叫作喉轮（Visuddha）。Visuddha 在梵语里的意思是"纯的"。它从脖子的第三节颈椎，紧挨着延髓下方，延伸到喉结。喉轮与以太元素、听觉和声音原理有关。它控制着身体上从鼻子正中到锁骨之间的水平区域。一旦喉轮被激活，人就会觉察到自己的心智体。一些瑜伽文献告诉我们，喉轮代表着智能体或者智体。瑜伽修行者的意思是，一旦喉轮被激活，人就能够把心智体的功能同其他较低（层次）的体的功能区分开来，如，星芒体、以太体、身体。这样，人就达到了超然，理解力会增强。并且将会同时获得明净和对法的清晰认识。爱丽丝·贝利告诉我们："那些中心在实际中依个体的发展程度而变化。一些人的某些中心可能会相对静止……通常，喉轮刚刚开始被感觉到，而顶轮和心轮仍在沉睡。"[6] 喉轮与蓝色相关。里德比特提出，"喉轮是银色的、闪亮的……像月光照在潺潺的水面。"[7]

通过激活第五个脉轮，人能够第一次意识到内在的世界是真实的世界，作为人类，我们同时存在于精微世界和物质世界。喉轮控制着人完全地、创造性地表达自己的能力。它传播灵魂（星芒体和心智体）的意图。

瑜伽文献告诉我们，喉轮控制着吞咽气，它是支撑话语表现的普拉纳（生命能量）。但是吞咽气不仅控制着言语，它还控制着喉咙、脖子和脸的整个区域。因为面部表情，手势甚至一个人需要多大的个人空间，都取决于吞咽气。因此，这个脉轮等同于人格完整。一旦普拉纳能够通过喉轮流经脊柱，人就能够在遭到反对时，站稳立场。他或她能够拒绝。这是因为喉轮具有独特的能力，能够将其他形式的人类能量转化为无条件的喜悦。

喉轮可以被比作一个分水岭。来自较低（层次）脉轮的，包括愤怒、痛苦和恐惧在内的重频率能量，穿过喉轮，被自动转化为无条件的喜悦。来自较低的四个脉轮的各种能量（不论何种能量、多少能量），都能这样被第五个脉轮处理并转化。能量在被转化以后，可以被用来滋养身体和精微体。而且，多余的能量会向外放射，使环境充满欢乐，并使打开喉轮的人们散发魅力的光芒。

通过唤醒喉轮，人超越了恐惧。一旦恐惧被转化了，真我就能够显现，人就能够在一切情况下完全地表达自己。在那时候，人才会完全理解使徒保罗的话："因主没有给予我们恐惧，主给予我们爱的能力和健全的心智。"[8]

喉轮冥想

在喉轮冥想里，你会接触到欢乐，它体现了第五个脉轮的转化性。要开始喉轮冥想，先找到一个舒服的姿势，背部挺直。闭上眼睛，开始瑜伽呼吸。用鼻子深深呼吸，在吸气和呼气之间不做停顿，让自己放松。慢慢来，用大约五分钟，跟随你的呼吸，留意你的身体。大约五分钟后，把你注意力带到你喉部的第五个脉轮。然后把你的呼吸带到第五个脉轮。在每一次吸气时，感觉喉轮周围的能量在增加。你会感到能量是一种热量和力度。观想这个能量，把它看成一个有着蓝色光芒的能量球。接下来的两三分钟，体验和看着这个不断增强的、越发明亮的能量球。

让你的意识向下移动，直到它聚焦于那个能量球。成为那个能量球，感觉你自己由那个能量中心开始，经由你的身体向外放射能量，直到外部环境。感觉你自己无畏的性格……高尚而充满勇气，体验完整完好、在任何时刻都选择做自己。感觉来自内在的肯定——一种时刻对生活说"是"的肯定。越聚焦于喉轮，你就会越感到成功。不必削弱任何他人，你的生命时刻都会是胜利的。

如果你愿意，可以在心里一遍又一遍重复断言，"我终于自由了"。当你同时在所有层面体验到胜利，你会感到能量流冲出你的脊柱。当它们经过你的喉轮时，它们会变成无条件喜悦之流。接受你的喜悦，这样，通过时刻完全成为自己，你就会履行你的法。

用至少十分钟进行这部分的冥想。大约十分钟以后，或者当你感到满意以后，用鼻子深深吸气。当你呼气时，在心里说："每次我达到这样的意识层面，我都学会了进一步地、更有创造性地使用我的心灵。"接着，让你的呼吸恢复正常，释放你的第五个脉轮的能量球，和任何与它有关的意象，放松下来。一小会儿之后，在心里从 1 数到 5。当你数到 5 的时候，睁开眼睛。你会感到非常清醒、完全放松，比以前感觉更好。

眉心轮

第六个脉轮叫作眉心轮（Ajna）。Ajna 在梵语里的意思是"命令"。

眉心轮有时候被叫作湿婆内特拉（Shiva Netra），意思是“智慧之眼”。一些经典文献认为眉心轮与脑下垂体有关。眉心轮位于两条眉毛之间，通常被称为第三眼。音节“哦姆”是眉心轮的代表符号，代表着所有事物的开始和结束。人用眉心轮协调自己的内在力量并在阴阳之间达到平衡。当眉心轮被唤醒时，就能完全重聚，人会体验到自己的丰盈，就如同自我的集合，达到真我。

第三眼发射出一种接近紫色的深蓝。它是汇集和分配各种普拉纳流的中心点。（中脉穿过它，左脉和右脉在鼻孔处分叉后穿过它。）眉心轮掌控着视觉，不仅是身体的视觉，也指心灵上的看见更高层次，直觉视觉、神视和其他超自然形式的先知。眉心轮是创造力的基础，当它活跃并打开时，它是神圣智慧的基础。眉心轮控制着一切高层心智活动。这包括直觉思考、理性思考和记忆。直觉思考包括所有形式的超自然活动。

当学生激活第三眼后，不仅仅能够感觉到能量场和氛围。他变得能够用神眼观看、用心灵感应沟通并通过思维影像疗愈。而且，通过他自己的心智的力量，他能够在物质层面为自己创造新的现实。我们在物质世界体验到的客观现实是早先在精神层面上创造的主观现实的物质表现。在第六个脉轮活跃起来之前，这一过程大多是潜意识的。对于已经激活了第六个脉轮的人来说，这一过程变得完全有意识，并且以他们自己的意志力量和想象力，他们能够为自己创造新的现实。这顺应他们的法，并令他们加速前往他们的目标，即完整和无条件的喜悦。

激活了第六个脉轮的人会超越尘世的目标和尘世的依附。这些目标和依附会使人偏离实现法的路。唤醒眉心轮后，人会体验到精神上创造的新的现实，它们被立即转化成物质现实。

当第六个脉轮打开，意识会和潜意识融合，之前所有的分歧都永远消灭了。融合完成了，人把自己看作是自我的集合，真我。一个这样的人会记得并体验到自己生命中从婴儿时期起的各个阶段。他会记得所有那些个体能量场，它们联合起来构成了他自己的特别能量场。这包括那两个最重要的场，“母亲和父亲”。因为他的记忆是完整的，他能够超越惊惧，超越他初次体验到分离的时刻。那时他离开了宇宙场，开始了只有合一和无条件的爱的时期。这样，一个人就成为他自己的母亲和自己的父亲。

赫尔曼·黑塞直觉地理解了这些，他写道，悉达多“……向水面弯下腰……他看见自己脸的倒影，这个倒影里有什么让他想起一些他已经遗忘的东西，当他看见倒影，他想起来了。他的脸长得像另一个人的脸，一个他曾经认识、爱过、甚至害怕过的人。他的脸长得像他父亲，婆罗门。”[9]

眉心轮冥想

在眉心轮冥想中，你会接触到协调你内在一切的一种品质。要开始眉心轮冥想，先找到一个舒服的姿势，背部挺直。闭上眼睛，开始瑜伽呼吸。用鼻子深深呼吸，在吸气和呼气之间没有停歇，让自己放松。慢慢来，用大约五分钟，跟随你的呼吸，留意你的身体。大约五分钟后，把你注意力带到你两条眉毛中间的第六个脉轮。然后把你的呼吸带到第六个脉轮。在每一次吸气时，感觉第三眼周围的能量在增加。你会感到能量是一种热量和力度，它随着每一次吸气而增强。

随着这个能量的增强，观想它，把它看成一个有着靛青色光芒的能量球。用大约两三分钟时间，体验和看着这个不断增强的、越发明亮的能量球。让你的意识向上移动，直到它到达你的两眉之间，并聚焦于那个能量球。成为那个能量球，感觉你自己由那个能量中心开始，经由你的身体向外放射能量，直到外部环境。

感觉你自己是自我的集合。感觉你的头脑同时向各个方向发光，感觉你自己用你的意识填满了房间。留意你身体上、情感上和心智上的感受。你越聚焦于第三眼，意识和潜意识越能完全融合。这时，你会感到仿佛有一股电流穿过你的身体，你的整个头部会以第三眼为中心，开始闪耀火光。

用至少十分钟进行这部分的冥想。十分钟以后，或者当你感到满意以后，用鼻子深深吸气。当你呼气时，在心里说："每次我达到这样的意识层面，我都学会了进一步地、更有创造性地使用我的心灵。"接着，让你的呼吸恢复正常，释放你的第六个脉轮的能量球，和任何与它有关的意象。让你的意识回到房间里，放松下来。一小会儿之后，在心里从 1 数到 5。当你数到 5 的时候，睁开眼睛。你会感到非常清醒、完全放松，比以前感觉更好。

顶轮

第七个脉轮叫作顶轮（梵语：Sahasrara）。瑜伽文献往往把它描述为千瓣莲花。一些文献认为顶轮位于头顶，而另一些文献认为它位于头顶的上方，以此将它与另外六个脉轮区别开来。唤醒了眉心轮，人就通过心理—灵性整合的过程达到了完整。他已经超越了恐惧、认同了真我，并体验了无条件的喜悦。但他的发展还未完成，因为即使他在各个层面了解自己，他对自我的体验仍然是与宇宙分离的。仍然有二元性。最后一步是把个人能量场与宇宙场融合（真我与宇宙融合）。这只能发生在千瓣莲花开花、昆达里尼到来、并完全唤醒顶轮时。

主体、客体和鼓舞两者的神
三个都（形成于）梵天
没有其他，只有梵天。
知道这个，就应努力使生命里的神显实。
此外，不需知道其他。[10]

在密教经典里，唤醒顶轮相当于沙克蒂（女性力量）和湿婆（男性力量）的联合。这个联合一旦形成，将永久持续。达到这个状态，人就超越了顺序时间的限制，发现自己总是处于永恒不变的当下。他超越了时刻无意识地选择自我的状态，自我成为整个宇宙。宇宙在自我中。成为宇宙，人就会停止理解他的宇宙，因为要去理解宇宙就意味着停止成为宇宙。

有学生问世通禅师关于法的问题。他答道，“去问那边的柱子。”学生回答，“我不明白。”世通说，“我也不明白。”[11]

当眉心轮被唤醒时，人会体验到与宇宙和宇宙中的一切的重聚。这种状态不能再返回。达到这种状态以后，就没有死亡。什么都没有，只有空无一物，在这空无一物中，人会发现自己在宇宙里，在宇宙能量和意识场里。

《道德经》记载：

致虚极守静笃。万物并作，吾以观复。夫物芸芸各复归其根。归根曰静，是谓复命；复命曰常，知常曰明。不知常，妄作凶。知常容，容乃公，公乃全，全乃天，天乃道，道乃久，没身不殆。[12]

顶轮被唤醒时，相当于发出紫色光的松果体。这是最后一个唤醒的脉轮，因此相当于灵性完美的最高层次。与其他脉轮一样，顶轮是高层能量的通道。顶轮是来自因果层面的能量的通道。但与其他脉轮不同的是，在完全活跃时，顶轮能够倒过来、像一个创造能量的太阳中心那样发光，会在头顶形成一个由纯光和神圣能量构成的真的皇冠。[13]

顶轮冥想

就顶轮而言，不可能进行冥想。因为人不再是独立存在的，而是时刻与宇宙合一的。宇宙时刻都在调和他。

静静坐着，什么都不做
春天来临，草自会生长。[14]

第十三章

脉轮治疗

人类存在的真正意义在于在世上显明处于我们内部的神圣，因而，真正的意义和身体练习在于要达到能够让显明成为可能的状态。

——卡尔福瑞德·杜科罕

《转变之路》

所有情绪都是基于四种基本的情感：快乐、愤怒、痛苦和恐惧。它们中的任何一个都不带有固有的负面性。这四种基本的情感结合起来，并把它们用于具体的情形，就形成了众多的其他情绪。

愤怒、痛苦和恐惧的情感本身并不是负面的。当这些情感被允许自然表达的时候，它们就不是负面的。自然表达意味着，当这些情感通过精微能量系统时，不受到收缩的阻碍。让人感觉糟糕的是受阻情感的积聚。实际上，愤怒、痛苦和恐惧只是我们给予通过精微能量系统的各种频率的普拉纳的名称而已。在心理—灵性整合中，我们认识到所有的能量都是好的。只有当超负荷或阻塞使我们的能量在错误的时刻出现在错误的位置的时候，能量才会出问题。

我们应该像孩子那样，在任何时候都敢于如实地表达我们的感觉。事后也不应当懊悔。只要情感被自然表达出来（如实地、勇敢地），就不会损害精微能量系统。因此，当能量频率（情感）被表达出来的时候，就不会感到负面的东西。

然而，社会教养的过程使人们学会了阻塞能量在精微能量系统的自由放射，尤其是情感能量。这样，人们在自己体内创造了“别人”，并终生带着这个体内的“别人”。人们潜意识的目标和态度，反映了他们的早期教育和他们内在“他人”的数量和力量。

内在自我寻求表达自己，并在任何时候自然流露。自我表达根本不存在是好是坏的问题。作为人，就要自然地表达自我。

如果人们自然地，在适当的时候用适当的能量，表达了他们的感情，他们就不会有情感问题。带来伤害的不是能量或能量的移动，而是缺乏移动。这导致了精微能量系统内部的压力。伤害我们的是过多能量被过久地卡住在错误的位置所造成的压力。

释放压力

只要我们活在这个世界上，脉轮就充当着精微能量系统的减压阀。被打开时，脉轮会防止它们内部的能量的不良的积聚，它们会允许情感自然穿过系统。必须保持这些减压阀打开并且不受阻碍，这样能量就能流经它们。否则危险的压力就会增长，这些减压阀要保护的系统就会超负荷并且不久就会瘫痪。

不幸的是，人们从婴儿期开始就已经被教导要改变他们的自然行为来遵守社会规范。这扰乱了脉轮的自然运作。尽管是出于好意，每一代人却都无意中成功地强迫孩子阻止了情感能量，即普拉纳，通过精微能量系统自由表达。这让他们的孩子遭受了痛苦。因为普拉纳主要是通过脉轮放射到外部环境，任何限制情感流动的努力事实上都会在入口处、出口处和转化的位置上，约束所有频率的普拉纳。因为受阻能量的积聚，精微能量系统里的压力会增加，脉轮会随之关闭。身体变得麻痹，人变得木然。这个恐惧、阻塞、压力和更多恐惧的组合物，最先扰乱精微能量系统，但是很快，它会扩散并扰乱各个方面，直到它在所有四个层面扰乱一个人的生命。

虽然精微能量系统里的阻塞引起了脉轮的早期破坏，但是仍有可能疗愈它们并恢复脉轮的全部功能。在本章，你会找到一系列的练习，通过打开你的脉轮、调和脉轮并释放受阻能量来修复脉轮。

身体放松

以下系列练习是用来改进你的精微能量系统的能量流动。这些练习的效果是渐进的，因此要定期练习。它们不是用来进行危机干预的，也不是用来消灭堵塞。它们更多是逐渐打开脉轮，让堵塞逐渐消失，并帮助你的身体和精微能量系统记起它们原本的状态：完整、平衡、和无条件的喜悦。

以下三组练习要一个接一个进行。它们的效果是累积的。每一个练习都会帮你为下一个练习做好准备。第一个练习是通过释放肌肉紧张，来使你的身体准备好接受增加了的普拉纳流。

先仰面躺下，让头位于两肩正中，闭上眼睛。两腿向前伸直，手放在两边。先把你的右腿抬起，离地两英寸高。没有停顿，立即让右腿像没有生命的物体那样落下。然后，抬起你的左腿，没有停顿，立即让它落下。这是为了获得松弛和无拘束的感觉。这是身体完全放松所需要的。

用同样的方式稍微抬起你的右臂，并让它落下。然后稍微抬起你的左臂，并让它落下。接下来，抬起你的左腿和右臂，并让它们同时落下。继续这样，抬起你的右腿和左臂，动作不要停顿，让它们同时落下。之后，稍微抬起你的臀部，并让它落下。再稍微抬起你的胸部，并让它落下。最后，轻轻地从一边到另一边转动你的头。这些简单的动作应该让你感到像一个布玩偶那样柔软。

接下来的几分钟，静静地躺着，留意你的感觉。注意你的肌肉、肌腱、关节、和神经系统如何调节着自身。

当你的身体放松时，注意你呼吸的节奏。感觉呼吸越来越深入，越来越慢，直到它似乎完全暂停了。很快你会开始体验到失重的感觉。你会感觉似乎你的身体已经被转化为纯粹的能量。感觉这种能量活化和补给你身体的每一个分子。用大约五分钟，在这个姿势里放松。通过进行这个放松练习，你会发现更容易成功进行下一组练习。

在你完成以上热身练习之后，你就准备好了继续进行瑜伽锁练习。

瑜伽锁

古代瑜伽修行者创造了一系列共三组的练习，他们称为锁。这些练习是用来促进能量流动、通过脉轮。然而，定期练习这些锁的动作，对整个精微能量系统和神经系统及身体都有着有益的、修复的效果。

做这三个锁的练习时，最好的姿势有仰卧、双手放在两侧，莲花坐姿，或者坐在一把直背椅子上、双腿在前、稳稳地放在地板上。在做这些练习时，你要背部挺直、闭上眼睛、进行瑜伽呼吸。

颈锁

下颌收束法或者说颈锁是学生应当掌握的第一个锁。它释放能量（尤其是沿着后背向上传导的阳性能量）。这些能量往往被阻塞在上胸部区域、肩膀和颈部（第四个和第五个脉轮的位置）。用鼻子吸气，做颈锁动作。

先向内收下巴、缩脖子，感觉你正把它们挤到一起。同时，向上提双肩，让头的后部靠着你的肩部肌肉。感觉会有点像是你根本没有脖子。让你的头居中，不要向前或向后倾斜。一旦做好锁姿，把你的注意力带到紧挨你脖子下方的脊骨，你会感到有一种略微刺痛的感觉从那个点放射出来，沿着脊柱，进入你的脖子。随着它向上移动，刺痛感会变强，会向各个方向放射。有些人感到有热量伴随着刺痛感，或者甚至有强烈的振动。所有这些感觉都是正常的。不要做任何事来中断或者增强它们。这些感觉预示着，沿脊柱向上、穿过喉轮的普拉纳流增强了并且变得更健康。

刚开始练习颈锁时，我建议你保持锁的姿势，数到 5，同时屏住呼吸。数到 5 以后，再重复一次，数到 5，然后放松。然后第三次做颈锁动作。完成第三次重复动作之后，休息两分钟左右，同时进行瑜伽呼吸，直到你感到能量在脖子后顺畅流动。当能量流动不受限制时，你会感到脖子后和两肩有一种发光的感觉，并伴随着一种独立的自信和内在力量。

下颌收束法很重要，因为它拉直了上脊柱，让普拉纳可以自由通过喉轮，通过第六个和第七个脉轮。它对身体有益，能消除脖子后和双肩的紧

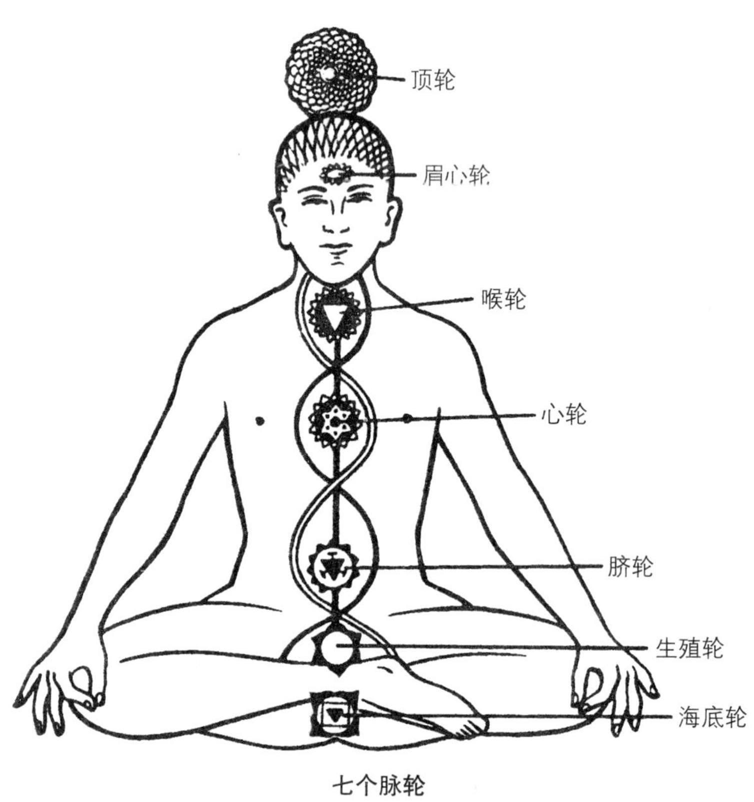

七个脉轮

张。它有助于改善你的姿势，并促进你身体颈部区域的正常生理感觉。

甲状腺和甲状旁腺收到压力的刺激，这有助于它们更有效地分泌激素。达到了最佳运作效果，脑垂体和松果体的高级功能得到了增强。

处理通过心轮和喉轮（尤其是心轮）的能量时，我们是在处理一些组合能量。这些能量的极性各不相同。一方面我们有“阴”，它是女性的；另一方面有“阳”，它是男性的。随着阴和阳的能量进入每一个脉轮的场，这个脉轮会对这股能量发出某种类似重力的引力。当主要是阴性能量通过一个脉轮时，随着它向下经过身体前部，通过任脉（阴性的），那么人的身体状态，和他的精微能量系统将会是更接受性和被动性的。当主要是阳性能量经过一个脉轮时，随着它沿着后背向上移动，经过督脉（阳性的），会有阳性自信的能量进入身体和精微体及精微能量系统，人会过于自信，有不接纳性。

颈锁的重要性在于，它能够在能量流入、流出、通过第四个和第五个脉轮时，改善阴阳混合能量的失衡。它通过打破身体的紧张，来改善能量的失衡。这种身体紧张通过任脉或督脉限制了能量流动。依据阴阳的平衡程度，任脉或者督脉中的限制能够引起从沮丧到多动的许多能量问题。当任脉受限时，症状就倾向于自大和多动。当督脉受限时，症状倾向于被动和沮丧。

隔膜锁

腹部收束法或者说隔膜锁是第二个锁。先往胸腔的方向提起你的隔膜，同时把上腹部的器官向上、向后、向着脊柱拉动。为了在胸腔留出收缩的空间，只能在呼气时做这个锁。

先保持住隔膜锁，数到5，把你的注意带到你的后背中间，太阳神经丛的后方，屏住呼吸。片刻之后，你会感到有一种略微刺痛的感觉出现在你的后背中间、就在太阳神经丛后方。这种感觉会变得强烈，直到它扩大为一种温暖的光芒，并沿着脊柱向上，来到心轮。当它向上流动时，这个能量的一部分会被第三个脉轮的天然磁性拉力强制通过第三个脉轮。第三个脉轮把能量转化，用来增强人的归属感、满足感和改善关系。精微能量系统会使用这个能量。在你保持隔膜锁并数到5之后，吸气并数到5的同时放松锁。重复做三次隔膜锁。在第三次重复之后，继续瑜伽呼吸大约五分钟并放松，注意向上流经你的第三个脉轮的能量。

腹部收束法特别有益于发展同情心和怜悯心，因为它会刺激能量流动，穿过和经过太阳神经丛脉轮。对于那些难以与其他人连接并保持长期关系的人来说，这是一个关键的锁。通过刺激太阳神经丛，实际上它刺激了整个交感神经系统。刺激交感神经系统会促进神经能量。神经能量促进营养、吸收和生长的过程。而且，没有身体的参与就不可能有完全的情感上令人满意的经历，或者说，不可能有情感释放。身体处于交感神经系统的直接控制之下，因此通过刺激第三个脉轮，人刺激了那些允许情感能量通过身体完全表达的意识中心。

根部锁

第三个锁是会阴收束法或者说根部锁。它是最复杂的。它对我们的重要性主要在于储藏在脊柱底部的昆达里尼的强大影响和第二个脉轮的性能量。在根部锁的第一部分，你必须收缩肛门括约肌并把它向内拉，就像在排便时要憋住大便那样。然后向内拉动性器官，这样就在躯干下部沿着尿路形成一个收缩。最后，向内拉动肚脐处的下腹部，把它向后拉向脊柱。这把直肠和性器官向后上方拉向后背。

应该在呼气时做这个锁，并保持住，数到5。然后边数5个数边放松。重复三次。做完第三次以后，放松身体，进行瑜伽呼吸。休息五分钟或者直到你感到舒服为止。注意下腹上腹部和沿着下脊柱的能量流动。

这个锁释放第一个和第二个脉轮的阻塞，因此刺激性能量和创造性的能量，也刺激休眠在脊柱底部的昆达里尼的释放。

随着你的进步，你可以做一个有益的有所变化的练习。只有在掌握了单个锁之后，才可以尝试这个练习。

先坐在脚踝上，双手放在大腿上，闭上眼睛，开始瑜伽呼吸。两三分钟后，做根部锁。不保持根部锁，放松它。然后做隔膜锁，不保持它，放松它。最后做颈锁，不保持它，放松它。用三四分钟，按照这个顺序，有节奏地重复三个锁。做前两个锁的时候，你会自然地呼气，做第三个锁时会自然地吸气。

一会儿之后，你的身体会出汗，会开始释放毒素。这是对身体的清洁，是非常有用的。因为当身体受到阻塞的时候，会抑制普拉纳穿过精微能量系统的自由流动。由下向上做这些锁也有助于唤醒昆达里尼并促进它向上、向着顶轮流动。当你变得更加强壮时，你可以增加你做练习的时长。从三四分钟增加到十分钟那么久。但是，重要的是，不要勉强。听从你的身体和直觉，当它们告诉你停下，你就停止。勉强对你的能量系统没有帮助。实际上，它是非常危险的，能够导致严重的困难。

打开和平衡脉轮

第三个练习叫作脉轮平衡。它促进能量流动，穿过脉轮。

把“脉轮平衡”与本章的前两组练习结合起来，会增强你自由放射能量的能力。

开始做脉轮平衡时，要采取你完成三个瑜伽锁时的姿势。你可以坐着或躺下，这都是一样的。只要确保你的后背挺直。闭上眼睛，放松下来。

从 5 倒数到 1，每往后数到一个数字，都做一个长长的深呼吸，感觉你自己越来越放松。不必用任何方式控制头脑，只要顺其自然。当你数到 1 时，静静地重复这句话，“我非常放松，感觉比以前更好。”

然后留意你的第一个脉轮，它位于你的脊柱底部。你一旦开始留意第一个脉轮，它会开始震动和略微刺痛。脉轮的中心发出略微刺痛的感觉，这样，你能找到每个脉轮的位置。通过留意你的脉轮，你会体验到脉轮打开和扩展。你能感觉到脉轮所处的那个点，和能量流经脉轮进入你的气场时引起的有节奏的刺痛感。

通过留意第一个脉轮，你不仅能够找到它的位置，你意念的能量也足以激活它。这种意念的刺激是打开脉轮的第一步。下一步是从每一个脉轮来呼吸。这样你能够更进一步刺激脉轮，通过给脉轮带来呼吸里的能量，这些能量是普拉纳（生命之气）的一种体现形式。使用意念和呼吸这两个工具，你能够很容易地开始打开和调节你的能量中心。从第一个脉轮开始（它在脊柱底部），在精神上关注它。接着，向它呼吸。然后，在吸气和呼气之间不做停顿，呼气，同时从第一个脉轮喊出“哦姆”。

做最后一步（在呼气时喊），要记住你喊出的音符必须在脉轮里引起共振，就如同小提琴琴弦和它旁边的同一个音调的音叉发出共振那样。重复三次从每个脉轮喊出“哦姆”的步骤，从脊柱底部开始直到顶轮结束。

把“哦姆”上升一个音，在第一个脉轮用G调开始，完成音阶的七个音（对应七个脉轮）。

当你从每个脉轮喊出三次以后，保持原来的姿势，闭着眼睛，大约五分钟。进行瑜伽呼吸，留意你身体上、情绪上和心智上的感受。五分钟以后，或者当你感到满意以后，在心里从1数到5。当你数到5时，睁开眼睛。你会感到非常清醒、完全放松，比以前感觉更好。

技巧、身体放松、瑜伽锁和脉轮调节一共需要大约15分钟。即使这只需要如此短的时间，它们的联合作用也可以是显著的。脉轮不仅被打开了，它们也得到了平衡，在精微能量系统里产生了一种健康的能量流动。这反过来加强和活化了身体和神经系统。这会保护你们每一个人，不受内在和外在环境中的负面影响。

最理想的是每天早上或者傍晚都练习这些技巧。我不建议在就寝时间练习，因为这些练习会刺激神经，让你清醒。如果你有规律地练习这些技巧，你将很快就体会到它们的效果。你的头脑会变得更警觉，你会更少感觉到内在对话。焦虑会减少，你会感觉更加放松，情感上开放。此外，你的能量水平会提高，让你充满更加良好的感觉。

这些练习，通过释放旧的能量库和刺激能量在你的精微能量系统里的流动，使你能够回忆和重拾你自己，并帮助你获得完整和无条件的喜悦。

第十四章

普拉纳和脉轮净化

当知识之光在身体各处闪现，纯洁一定占上风。

——《薄伽梵歌》

普拉纳（Prana）的梵文意思是“绝对的能量”。它是我们的多维宇宙中已知的各种形式的能量的原始来源。普拉纳和意识结合，不可思议地变成了生命。当这种生命力与物质结合，就有了种种生命形式，它们占据了这个显现的物质世界。某种生命形式的意识水平取决于它的普拉纳的频率，这些普拉纳聚集和储存在它的精微能量系统里。赋予动物生命的频率范围远远低于赋予人类生命的频率范围，赋予灵性的人生命的频率范围远远高于赋予原始人生命的频率范围。所有生物的意识水平是波动的，这是基于通过系统的能量频率范围的波动。但是这些波动不能够超出脉轮和经脉的处理能力和气场的储存能力。

气场

气场是精微能量的储藏处。每个气场是一个能量储备，储备某个频率范围。据说“aura”一词来自梵文词根“ar”，意思是“（车轮的）辐条”。从概念上讲，气场可以被认为是从某一点发出的放射。有时它被形容为普拉纳或生命之气的放射，这在所有生命形式中都是常见的。

如此看来，某个特定生命的气场可以被认为是该实体的个体能量场里的一个子域的些微散发和延伸。气场是生物的个体能量场的延伸，这些生物的放射超出了该生物个体能量场里的意识中心。可以把气场比作环绕着地球的大气层。大气层不是地球本身，但它与地球关系紧密，它和地球相互影响。大气层远远超出了地球，越远离地球就变得越淡。它是地球与外部环境和宇宙之间的缓冲区。气场像大气层那样，超出了身体和精微体，也像大气层那样，充当一个人和外部环境之间的缓冲区。

不应当低估气场对人的安康的影响。为了保证精微能量系统的健康、保证个人和他的外部环境的健康互动，气场的健康和彼此平衡是必不可少的。

数千年来，在很多文化里都能见到对气场和它们的作用的理解。在巴比伦、古埃及、中国、印度、以色列和希腊，以及在大多数种族里，人的放射和气场是被认可的，并且有象征性的代表。在埃及祭司的头饰、早期的圣徒周围的光环和大佛像上，我们能看见这些象征性的代表。德鲁伊特[1]相信并且象征性地在铸造过程中把气液注入他们的首饰里，以此

① 译注：德鲁伊特指古代英国、爱尔兰、高卢地区克尔特人中的教士、祭司、教师、法官、诗人、巫师、占卜者等。

给佩戴者提供更多生命物质。

古人认为气场是由血液发出的。分圣餐时象征性地饮用基督的血，我们象征性地融合了信徒的气场和基督的气场。《圣经》多处提到了气场。当摩西走下西奈山时，我们被告知，他的脸闪耀着光芒，以色列人不能注视它。圣徒史蒂文，最早的基督教殉教者，在他因为信仰而当他被人用石头打的时候，他开始发光，他的脸变得光芒四射。

多数权威同意有三个气场存在。灵性气场储存着围绕着人的灵性能量。它是蛋形的，从人体向各个方向均等地延伸大约 26 英尺。心智气场储存着围绕着人的心智能量。它是蛋形的，向各个方向延伸大约 8 英尺。以太气场储存着来自星芒体、以太体分身和身体的能量。像灵性气场和心智气场一样，是蛋形的，围绕着人。它围绕着人，向各个方向延伸大约 8 英寸。以太气场的一个重要特性是，它里面的能量会震动，并且能受到呼吸的影响。因此，可以通过进行瑜伽呼吸来正向影响人的以太气场。

每个人都有个人气场，它是灵性气场、心智气场和以太气场的组合。群体或人群的个人气场能彼此结合。如果有一种主导的情绪或感觉，它们就会聚集起来，成为一种集合群体气场。在城市里或者任何其他人群聚集的地方，都可以体会到这种集体气场。一个群体创造的集体气场将会有力地影响其中的每一个人。往往把个人卷入集体能量场，在某种意义上操纵着个人，使个人在能量上和心智上参加这个群体。

在为了分享奉献和爱而聚集的群体里，这种集体气场能够加强占优势的场，人们被带入远远高于常规的能量水平和意识状态。另一方面，在被群体感觉搅动的乌合之众里，人会不得不尽很大力量来抵抗负面场的心智和情感的复合拉力，来保持自己的气场不受污染。

吸引和排斥

所有人类都有天生的能力，能够通过感觉一个人周围的能量场来与他连接、在能量上体验他。当能量场主要在潜意识层面被体验时，它们常常被体验为一种模糊的正面或负面情绪，这让你对某人感觉好或者坏。围绕一个人的能量场是他的灵性气场、心智气场和以太气场所创造的组合场。这个能量场对我们是否喜欢他、和他在一起是否感觉舒服和是否信任他有着很大的影响。与他人相处时，我们通过对他们的感觉来判断他们，这远超过通过他们为我们做什么来判断。人们被吸引到与他们的气场有着同样共鸣的人身边。不论一个人如何用行为或者外表来掩饰自己，他的能量场会让人认出他。他会被和他在同一频率范围产生共鸣的人识别出来。

对人类能量场的研究已经表明，当互有好感的人的心智气场和以太气场互相接触时，会出现场的融合。它们流入彼此，使双方充满的深深的归属感，这能让他们体验到合一。

形态发生场

鲁珀特·谢德瑞克等科学家的研究建议用科学解释人类的行为和基于能量场和人类气场的互动。谢德瑞克先生把能量场，尤其是人类能量场，称为形态发生场（morphogenetic fields）。在他的因果律形成理论里，他假定从病毒到人类的所有生命形式，不仅仅从DNA或者已知的生理成因衍生出自身结构，也受到过去的影响（场的影响）。谢德瑞克把这种影响称为形态发生场（来自希腊单词“morpho”和“genesis”，意思分别是“形成”和“开始”）。

谢德瑞克认为，不仅是生物的形成和发展是由形态发生场形成和维持的，而且物质也是如此（例如水晶的形成）。这些场部分重叠，但它们根据“相似——影响——相似”原理运作。例如，人类的场，对老鼠的场影响很小。在形态发生场的影响下，生命形式来自一种谢德瑞克称为形态共振的现象，与过去的生命形式调和。形态共振穿越时间和空间运作。

因此，一根玉米秆得到它特有的形态和形式，不是因为DNA命令它这样，而是因为它参与了先前所有的玉米秆所参与的同一个场。在它的生长中，这个场通过形态共振引导它。谢德瑞克把这个过程描述为“一种物种之间的相连记忆，对此，所有物种都做出贡献，所有物种也都加以利用”。

他认为形态发生场是有层级的。对人类有机体，有一个场引导细胞的发育，在它之上有另一个场引导单个的组织，例如心脏和肝脏，在这个场之上，有另一个场引导人体整体的发育。最后，他提出，贯穿所有这些单个的场，存在着一个宇宙形态发生场，所有生命形式的模式都来自于此。

进一步扩展这个观点，谢德瑞克也从理论上阐明了形态发生场的存在影响着（尽管不是控制着）行为和思想。一旦一个物种获得某种习惯或想法，它就成为这个物种的形态发生场的一部分。结果，后代学习某种行为就变得容易了。甚至对于这个物种里的，那些与习得该项新行为的先前的世代没有直接接触的成员来说也是如此。如果情况或环境使他们接收到场里的那个部分，他们只需要接收它就可以了。

当谢德瑞克开始为形态共振寻找证据时，他开始费力查阅大量关于动物行为的实验文献。他知道如果他是正确的，那么在世界上某地的一个实验室里学习一项技巧的一只老鼠，应当使得在世界上另一个地方的一个实验室里的一只老鼠更容易地学习同一项技巧。

起初，谢德瑞克很担心，因为似乎如果这项假设是正确的，那么这一点早就应当被注意到了。他几乎要放弃了，后来他意识到证据可能是存在的，只是没有人认出它。他最后找到了由哈佛大学的麦克杜格尔（W.McDougall）从 1920 年开始进行的一系列实验。麦克杜格尔试图证明一个与谢德瑞克有点不同的假设：遗传只是由父母传给孩子。

麦克杜格尔用 32 代白鼠进行了实验。每只老鼠都被放进了水盆里，有两条通路可以逃跑。一条灯光明亮的通路会在老鼠通过时对它电击，另一条昏暗的路不会电击它。第一代老鼠学习缓慢，平均每只老鼠有 56 次错误。但是他们的后代，一代比一代更少出错。最后一组测试的老鼠平均出错 20 次。学得最慢的老鼠和学得快的老鼠，他们的后代表现的曲线图相同。后来几代的老鼠们，在做出反应时，很多都表现出了更多的谨慎和犹豫。似乎有一些非习得的知识存在。

最近，威斯康星州，麦迪逊市中西部心理服务所的心理学家阿登·马尔贝格，做了一项特别实验，增加了谢德瑞克的假设的可信度。

他用国际莫尔斯电码对学生进行了一个学习速度测试。第二个测试使用了由同样的符号组成的新电码。他把学生分为几组，在不同时间测试每一组学生。

结果是，莫尔斯电码对第一组来说更容易学习。就像预期的那样，新电码比莫尔斯电码更难学习，这证明形态发生场的存在。然而，当增加学习新电码的学生人数时，它变得更容易学习了。实际上，对最后一组学生来说，学习新电码比学习摩尔斯电码更容易学习。马尔贝格说，“两种电码都证明了谢德瑞克说的现象。”

大脑与思想的连接

对思维本质和脑部与思想的关系，近期研究已经引出新的科学观点。这些观点似乎证实了这一事实，即能量场，尤其是对心灵与思想来说，是存在的。

1946 年，斯坦福大学的科学家，卡尔·普里布兰在耶基斯灵长类生物学实验室开始研究大脑与思想的关系。生理心理学家卡尔·拉施里也在这里工作。拉施里从老鼠的大脑切下切片，来看是否能查探到特别的记忆痕迹，或者大脑皮层某些部分的印记。但是，受过训练的老鼠被移除了大量的脑组织后，仍旧能完成学会的任务，这时，拉施里提出了另类的见解，即记忆被用某种方式分布于整个大脑。

这引出了一些基本的问题。例如，意识被编排在物质大脑的哪里？或者，“思想”是物质大脑以外的东西吗？它是非物质的，精神的吗？

到二十世纪六十年代末，普里布拉姆在他的大脑的全息模型里合并了像这样的问题。普里布拉姆提出，大脑通过数学编码存储信息。这些数学编码类似于全息摄影使用的那些编码。全息摄影是 1947 年丹尼斯·伽博发明的一种无透镜的摄影法。

普通照相是物体的二维影像，与普通照相不同，全息摄影是用光线形成逼真的三维影像。它存储在胶片上的编码看起来完全不像视觉形象，更确切地说，它是物体散播的波形的记录。想象一下，把两个卵石扔进池塘，并立即冻结水面。这样，冻结的重叠的波纹图样记录了卵石在瞬间穿过。全息影像就是这样运作的。一束光能——往往是激光，被分为两部分。一部分直接照射到全息胶片上，用作基准射束，而另一部分被物体反射、被拍摄。然后，两束光在胶片上碰撞。胶片存储这两个交叉的波阵面的干涉图样：原来的、未被扰乱的基准射束，和它的已经被物体“扰乱”了的、双胞光束。全息图像记录的是这种“扰乱”，尽管在实际的胶片上，只能看见显然无意义的光和黑暗的漩涡图案。但是当被再现光束照亮时，结果会出现一个三维图像。这就像是物体的波阵面被及时冻结在全息片上，直到那束光释放它，让它映入你的眼睛。

普里布拉姆用这种方法，在理论上说明记忆和影像被存储在我们的大脑里。普里布拉姆认为，可能当我们回忆某件事时，我们在使用一束特殊的“再现光束”把镜头拉近一个特定编码的记忆。他也关注全息影像的另一个特质：它的整个表面记录同一个波阵面，一次又一次重复它。如果你掉落了或者打碎了一个全息片，仅挽救了它的一个碎片，它将仍然足以再现整个影像。普里布拉姆觉得大脑的分散的代码也同样地允许记忆在受到严重损害时幸存下来。他从理论上说明，我们所谓的思想，可能被当作一种影子似的全息影像储存在物质大脑里——它位于任何一处，同时也不在任何一处。

在 1982 年的一次访谈中，普里布拉姆被问到思想是否是整个宇宙的一部分，宇宙场的一部分。他答道：“世界不是全息影像，只有一个方面，一个序，是全息的。但是全息领域是整体的。这不同于格式塔心理学的“整体”一词。在格式塔心理学里，整体大于并且不同于它的各个部分的总和。然而，在全息摄影里，每个部分都分布于整体之中，整体包裹在它的各个部分里。戴维·玻姆（伦敦伯克贝克学院的理论物理学教授，《整体性与隐缠序》一书的作者）已经从量子物理学得到了同样的观点。

这通向对人类体验的精神方面的科学理解。三百年来，科学第一次承认科学探索的精神价值。”[1]

“蛋”

人的个人能量场（气场）的健康和它与其他能量场健康互动的能力对心理—灵性整合是非常重要的。我们不能靠运气来保持气场的健康和强壮。我们必须确保我们的气场能恰当地储存和分配能量，确保能量能够自由流入和流出气场。此外，我们的气场必须能够把不良的能量频率转化为健康的。为了促进气场的健康和平衡，以及气场对外在场的敏感性，我设计了一个叫作“蛋”的方法。

“蛋”对精微能量系统，尤其是对气场，有着有力的影响。它加强它们，并且帮助它们保持完整，尤其是当它们遇到会扰乱它们的场的时候。气场的力量和完整取决于它们里面的能量的质量和数量，以及它们的压力。一个人的单个气场里的能量压力是重要的，因为，它决定着每个气场与相邻气场的关系。气场里的压力取决于气场里普拉纳的多少，和脉轮快速有效地转化进入和离开气场的能量频率的能力。必须考虑到压力，因为它对围绕身体的气场的整体力量有重要影响。

气场里有能量压力破坏的第一个严重迹象是意志力的崩溃。我们可以把意志看作是依赖于能量的。精微能量系统越是完整，即更少有阻塞，压力就越强而如一，人的意志力就越强而如一。外界能量通往一个人的能量系统的通路，它进入一个气场的能力，和转化它里面的能量频率的能力，直接与一个人的意志力有关。或者说，我们不能认为意志力完全是头脑的一方面，而是我们精微能量系统和精微体的一项综合功能。

被动性是意志力崩溃的结果，是由气场的降压引起的。为了加强气场和意志力，我研发了“蛋”。它会帮助纠正导致被动状态的能量问题。它能打开脉轮、促进能量流经经脉、和增加并调节精微能量系统里的压力，尤其是气场里的压力。

和一位伙伴一起完成“蛋”。一个人治疗另一个人。采取被动角色的人会被称为病人。进行治疗的人被称为治疗师。想象你是这里的治疗师。首先，到一个舒适的、有着良好氛围的房间，那里很安静，在那里你不会被打扰。病人必须躺在地上，或者躺在垫子上，腹部朝上，双手放在两边。病人开始进行瑜伽呼吸，放松头脑，平静下来。放松下来并感到舒服以后，病人把舌头放在嘴的上部，就在牙齿的后边，来联结流经自己精微能量系统的主要的阳性和阴性能量流。

你作为治疗师，通过进入一个简短的冥想来开始这次治疗。这个简短的冥想会激活你的第二注意力，打开你的脉轮，这样你就能成为更有效的能量通道。你要达到适当的意识水平，最简单的方法是面对病人的脚，坐在你的脚踝上，进行一会儿瑜伽呼吸。在你感到放松之后，在心里从 5 倒数到 1，在心里重复每个数字三次，并在心里看见每个数字三次。数到 1 之后，在心里重复说，“现在我深度放松了；每次我达到这种心灵层面，我学着进入更深的、更健康的层面。”

接下来，你慢慢地从 10 倒数到 1，观想你正走下楼梯，每倒数一个数，你就走下一个台阶，直到你数到 1，你来到了下面。当你来到下面，你会感觉你处于一种更深度的意识层面。你会感觉自己没有重量，像一根羽毛，实际上你非常轻，你感觉你正开始飘动。那时，你应当漂移到你最放松的地方。花两三分钟停留在那里，让自己体验你的避难所的无条件快乐。

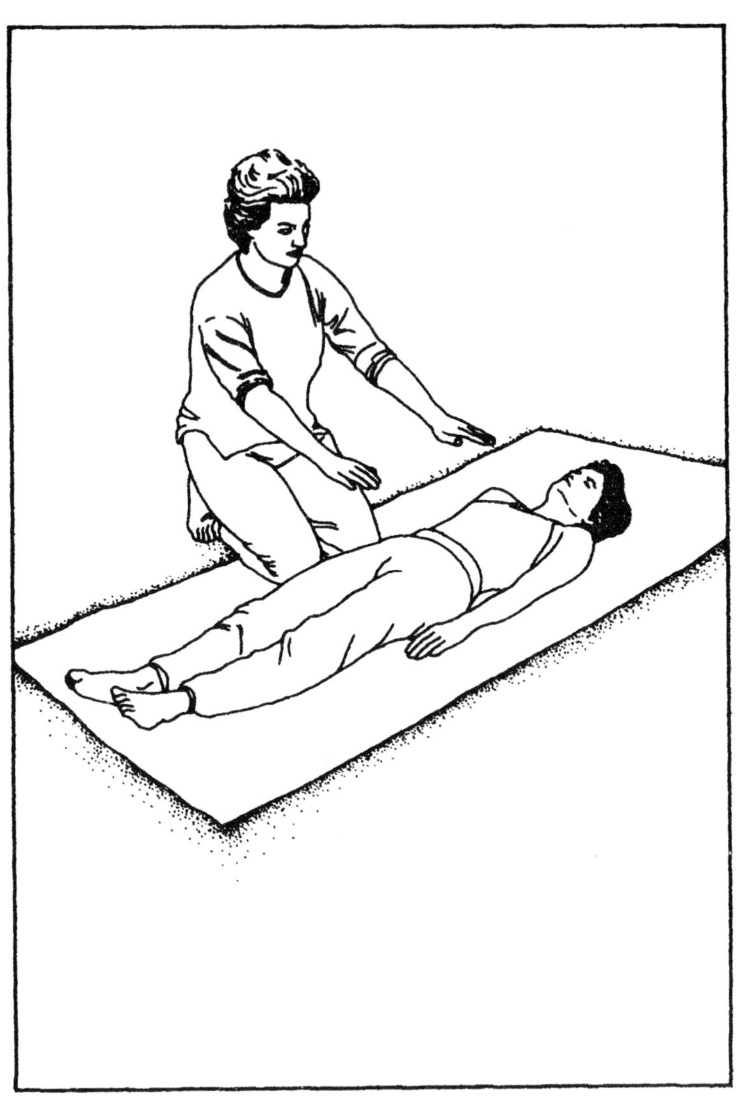

“蛋”

两三分钟后，让你的意识回到房间里，对自己说："我现在处于最佳能量水平，可以为______工作"（在空白处说出病人的名字）。慢慢地睁开你的眼睛，让双眼略微不聚焦。接着，把你的舌头放在嘴的上部，同时继续进行瑜伽呼吸。用力摩擦你的双手一会儿，使它们分为两极。用鼻子深吸一口气，屏住呼吸。你的手掌应当向下，与地面垂直，手指舒适地舒展开，距离病人身体上方大约四英寸，在他或她的以太气场之内。让双手处于他或她的以太气场里，从病人的脚开始，从脚到头顶做一个向上的连续扫描。然后从你的嘴呼气。重复这部分的练习，六次或者更多，总共向上扫描病人的身体七次。

扫描是这项治疗的三个部分里的第一部分。在你完成扫描之后，开始第二部分。找到病人的第一个脉轮。把代表正极的那只手放在病人的气场里，放在紧邻病人的第一个脉轮上方的一点上。然后，用鼻子深深吸气。屏住呼吸的同时，在病人的脉轮上方大约两英寸的位置，开始用手做出逆时针圆周运动。只要感觉舒适就尽可能长久地屏住呼吸，然后从你的鼻子呼气。在呼气和吸气之间不做停顿，再次用你的鼻子吸气，屏住呼吸，同时再次转动你的手。这样的呼吸能增加治疗师和病人之间的普拉纳流动，还能提高你的敏感性，这会使你更容易与你的病人产生共鸣。

继续手的移动，直到你感同身受地觉得你的病人正在吸收你向他或她投射的能量。当你能感觉到那个能量正通过病人的第一个脉轮放射时，就移动到第二个脉轮。用同样的方式一直做到完成病人的第七个脉轮。

让你的病人翻身，继续治疗。从病人的第六个脉轮向下沿着病人身体的前面，做到第一个脉轮。当你沿着病人的身体向下治疗时，唯一的不同之处是不是逆时针转动你的手，而是顺时针转动手。在你沿着病人

用力。然后重复急速收缩你的腹部肌肉，迫使空气再次向上呼出。在这个练习的第一部分，这是你必须遵循的基本节奏。

净化呼吸法的第一部分包括一系列快速、有节奏的急速呼气，和之后的被动吸气。在被动吸气期间，确保渐渐地放松腹部，这样，空气相对缓慢地进入。瑜伽文献认为呼气大约用时十分之二秒，而吸气用时从十分之八秒到十分之三秒不等。但是，速度并不重要。确切地说，在这个练习里，是节奏和呼出的力量给人带来积极作用。为了确保最佳的呼气，在每次呼气时，你可以想象你正用力打击紧邻肚脐下方的腹部肌肉。

净化呼吸法的第二部分，开始于你最后一次用力呼气时。在最后一次用力呼气后，用你的鼻子做一次长而深的吸气，并屏住气。同时，把手从你的腹部拿开。屏住呼吸，直到你感到一股强劲的能量从你的第一个脉轮喷出，沿着脊柱，通过中脉到达头顶，第七个脉轮。一旦这股能量到达你的头部，你将会感到非常头晕甚至有点儿晕眩。当你有这些感觉时，立即从鼻子呼气。一边呼气，一边迫使这个练习已经释放出来的普拉纳，返回你的身体，即使此时空气正在通过鼻子排出。

在练习的这个阶段里，你的呼吸会听起来像在叹气，像相扑运动员准备相扑时那样。在第一次长呼气之后，在呼气和吸气之间不要停顿，用你的鼻子做第二次吸气。

继续这样做，直到你的呼吸回到正常。然后用大约五分钟感觉净化呼吸法对你的心智、情绪和身体的作用。五分钟之后，在心里告诉自己，“每当我进行净化呼吸法，我加强了我的能量系统，并使它重获和谐与平衡。”然后在心里慢慢地从 1 数到 5。当你数到 5 的时候，睁开眼睛。你会感到非常清醒，完全放松，比以前感觉更好。

净化呼吸法可以每天进行，特别适合在早上早餐前练习。当你在做一系列呼吸练习时，最好从净化呼吸法开始。不要在饭后立即练习净化呼吸法，因为它会扰乱你的消化。也不要在睡前练习，因为它会令神经和精微能量系统兴奋，使你清醒。

净化呼吸法是一个大强度的练习。肺和精微能量系统都需要慢慢地适应它。由于你增加流经经脉的普拉纳的数量和压力，重要的是不要迫使过多的能量流经一个不够强大、不足以处理它的系统，否则会损坏这个系统。在练习的第一周里，你应当每分钟做 40 组呼气。完成第一组后，休息 30 秒，同时慢慢地、轻松地呼吸。然后重复。每周增加 10 组呼气，直到最后你达到每分钟 100 组呼气，每组做完之后都有一次 30 秒的休息。在进一步训练之前，我建议你不要做多于五个 100 组呼吸，这已经足以达到想要的效果，

昆达里尼是身体里最有力的能量流，而这个练习作用于昆达里尼，并且是大强度的练习，因此需要小心进行。有肺病和支气管疾病的人不应做这个练习。有心脏问题的人，在开始练习之前，应当咨询医师。患有肺气肿的人可以做这个练习，因为圣光调息法不会使任何已经受到永久影响的部分变得更糟。但是，肺气肿表明肺部是非常脆弱的，需要谨慎，否则可能有进一步的损坏。

应该避免一些初学者常见的错误。要记住胸部必须僵硬，它不参与练习。学员也应当小心不要耸肩、收腹或者弯曲脊柱。

积极影响

在身体上和精微能量系统里都能看到净化呼吸法的主要影响。在身体层面，肺部的残余空气被清除，毒素被释放了。即使是完全的瑜伽呼

吸也没有完全清空肺部在一次呼气结束时留下的微量浑浊空气。然而，在净化呼吸法里，快速连续的急促呼气从肺部去除了这种残余空气，因此成功地完全清洁了肺部。隔膜被增强了，因为它参与了净化呼吸法，尽管主要是被动参与的。隔膜不是因自身的肌肉收缩而运动，而是被腹部向上、向后推动。通过这些运动，隔膜保持了灵活和灵敏。学员对腹部的肌肉有了更好的控制，尤其是大的腹直肌。通过有规律地做这个练习，腹直肌逐渐获得力量。腹部肌肉的活动常常消除腹壁的脂肪沉积。所有的腹腔器官也得到了调和与按摩。这包括消化道和与身体这个区域有关的腺体。消化变得更快、更有效。

净化呼吸法影响交感神经系统，它通过血液的氧化和呼吸系统镇定交感神经系统。它是整个神经系统的补药。

净化呼吸法也改变血液里的氧气和二氧化碳平衡。一旦你开始这个练习，血液里的二氧化碳就大幅下降。如果持续练习两三分钟，整个血液系统都得到了清洁。在练习结束后，很快自动回到正常水平。这个练习的优点在于，血液里二氧化碳水平的暂时下降，允许细胞消除二氧化碳，它被氧气取代，被比通常更大量的普拉纳取代。同时，随着血液细胞失去二氧化碳，它们变得充满了氧气。结果细胞活性增加，这对通常久坐不动的人们特别重要。这样，净化呼吸法刺激了细胞呼吸作用，它使所有的组织振动。整个机体在净化呼吸法的作用下抖动，这种振动对整个身体和精微能量系统都有恢复活力的作用。

第十六章

与丹田平衡

不要自以为有智慧。要敬畏耶和华，远离恶事。这便医治你的肚脐，滋润你的百骨。

——《箴言篇》2：7-8

丹田

如果人们不知道他们的精微体和身体的中心和平衡点，那么不论多少能量工作，比如打破能量阻塞、打开和平衡脉轮、净化气场等，都不会把人带入平衡。大多数人平衡他们自己的点，就在肩膀上方，他们像小狗一样挂在那里。他们的身体，身体的姿势和身体移动的方式，都反映了这种情况。因为大多数人以头的下方为中心，他们倾向于用一种格外心智化的方式来体验世界。此外，通过像小狗一样挂在肩膀上，人们变得容易出现身体和精微能量系统的问题。

弯腰驼背、慢性肌肉紧张等问题，抑制了普拉纳流经精微能量系统，压缩和扭曲了脊柱，令身体器官绞痛。血液循环不良可以直接与失去平衡有关。失去平衡使关节和韧带紧张，并且导致精神和身体疲倦。此外，当一个人没有适当地平衡的时候，因为心脏和眉心轮的一个功能，第二注意力受到阻碍，融合的过程会受阻。像如今的很多其他影响着人们的问题一样，这种失去中心、失去平衡，是一种文明的疾病。在技术不那么先进的时代，人们以非常不同的方式与世界联系。他们与环境十分融合，因此更加处于自己存在的中心。但是，在现代世界，理性思维占了上风。通过以肩膀为中心和崇尚理性主义（意识），人们已经看不见他们真正的中心，他们真正的平衡点。如果一个人陷入思想和成就的网，忘记了头脑是植根于心智体的，而心智体扎根于真我，他将会看不见真正的自己，将会陷入由他的意识和自我操纵的无止尽的游戏陷阱。要打破一个人困于意识里的自我所造成的阻塞，有一个方法是找到他的自然中心——身体和精微体两者的中心。这个中心叫作丹田。它是一个人的身体中心，但它不止于此。丹田是一种态度，一种存在方式，它是让一个人优雅地动作和行为的中心，是让一个人在适当的时候做适当的事情的中心。如果一个人希望保持以真我为中心，他就必须来自丹田这个平衡点。通过一直以丹田为中心，一个人可以使用他的精微体的能量和意识，这是与生俱来的权利。

丹田，人的中心，紧挨着肚脐下方；确切地说，是脐下三指。我们对丹田的了解大多是来自日本，在日语里“Hara（丹田）”一词的字面意思是“腹部”。人是在腹部找到他的身体和能量的均衡。

在我们能够把身体其他部分带入均衡和平衡之前，我们必须意识到并扩展丹田。最有效的扩展丹田的方法是，开始做一个叫作“丹田呼吸”的练习。

道教传统认为，在练习“丹田呼吸”多年之后，通过激活丹田里的气能量，大师们能够坐在冰上，使冰融化，或者他们能够在冬季下海游泳。你可能会亲身体验“丹田变暖的品质”，这被叫作“金炉”。这可以是非常实用的，尤其在冬天。如果你在冷天出门，而没有穿够衣服，请试试下面这个练习——丹田呼吸。你会发现它立即使你暖和起来。

丹田呼吸

你可以用任何舒适的姿势练习丹田呼吸，只要背部挺直。最好不要在餐后和困倦的时候练习丹田呼吸。当你有了进步，你可以坐着或者站着进行练习，但是现在我建议你平躺着练习。开始时，把你的胳膊放在两侧，手掌向上，松开手指。闭上眼睛，放松下巴，让你的嘴舒适地张开着。从这个姿势开始进行瑜伽呼吸。用大约三四分钟进行瑜伽呼吸，然后在心里告诉自己，“我现在非常放松，比以前感觉更好。”当你感觉准备好了，就留意你的丹田，它在你的脐下三指。（我说的“留意”不是指全神贯注。全神贯注对大多数人来说，是一种纯粹的精神活动过程。是指一个人把他的注意力完全放在一件事物上，而把他自己与其他一切隔绝开来。）最好使用第二注意力的技巧。

当你留意的时候，你可以允许你的意识头脑自由游荡到它想去的地方。在你把你的第二注意力放在丹田上一小会儿之后，你会感到来自那个重要的点的感觉。学员常常体验到温暖、酸痛感、悸动的感觉或者压力。这些感觉中的任何一个都不应令你担心，他们全都是正常的表现。一会儿之后，为了进一步激活丹田，我想让你把两只手都直接放在丹田上。同时，把你的舌头放在上颚，上颚紧贴着牙齿后面。这将会连接督脉和任脉。用这个姿势，通过提高来自丹田的普拉纳（气）水平，和让你的意识以丹田为中心，你准备好了激活你的丹田。

要激活丹田，先用鼻子向丹田深吸气，持续五个数。当你让丹田充满空气，想象一种液体和空气一起流进来，并用能量和光充满丹田。这当然是普拉纳。屏住呼吸五个数，同时仍旧把注意集中在丹田。此时，把你的意识带到丹田。这很容易，你只要想象你自己从那个点进行感觉和思想。在闭气时，随着普拉纳水平的提高，你会开始感觉到“金炉”正在加热，供给腹部器官和组织能量。

在你闭气五个数之后，用嘴巴呼气五个数，并把舌头放回原位。在呼气和下一次吸气之间不做停顿。只在闭气时打破自然节奏。每周应当进行两三次练习，每次大约 20 分钟。它是心理—灵性整合的一个重要练习，因为掌握了这个练习你就会返回到你真正的中心，丹田。卡尔福瑞德·格拉夫·冯·杜科罕告诉我们，“要获得正确的基础中心，一个人需要有毅力和真诚，不怕痛苦，有很大的耐心，克服任何阻碍丹田的障碍，并且促进成长的丹田所表露的东西。要成为一个完全的人，而不获得这个‘身体—灵魂’中心，是不可能的。”[1] 平衡很重要，仅仅把呼吸带回丹田是不够的。一个人所做的一切都必须源于丹田。

在日本，丹田被认为是令整个人平衡的点。当一个人找到丹田，就达到了完整。丹田也可以被认为不仅是一个平衡点，而且是一种状况和一种平衡状态。

那些了解日本的人们发现了丹田的概念已经渗入了日语。例如，Hara No Dekite Inai Hito 意思是“没有肚子的人”“没有完善肚子的人”。在日本用来指那些不成熟或者缺少社交风度或者缺少与他人建立良好联系的人，因为他们的内在不和谐实际上疏远了他人。另一方面，从完整的人散发的行为，是真我的表达，这些行为被认为是来自人的腹部。当一个人的思想是真我的表达的时候，日本人说 Hara De Kangaeru，意思是“从腹部思考”。当一个人的声音通过他的身体共鸣，来表达内在的自己时，日本人说 Hara Goe，意思是“腹部的声音”。

在工作中，我发现一个人表达自己的方式反映了他的精微能量系统的状态和心理—灵性整合的水平。如果一个人想要达到完整，那么他的语言、姿势、动作和思考，所有这些都必须以丹田为中心。甚至语调和它在哪里共鸣都是重要的。要表达完全的人，就必须总是以丹田为中心。当声音不是来自丹田，就会出现严重的困难，因为在真我和自我表达的器官之间存在鸿沟。在这种情况下，被表达的感觉是来自意识的，而不是来自真我。真我发出的深刻感觉穿过潜意识出现的时候，陷入意识之中的声音可能无法成为表达的工具。你可以在那些似乎是用脖子或者头来说话的人身上看到这一点，或者是在那些在生气或心烦时听起来空洞的人身上看到这一点。来自丹田的声音，是真实的。它通过整个身体共鸣。当声音来自丹田，它听起来深沉而且带有质感和力量。在从丹田发声说话的人身边，人们无意识地感到安全。在日本，如果一个人的声音不是来自丹田，他们就被认为不真诚、不值得信任和不成熟。

泛音

泛音歌唱有让声音以丹田为中心的效果。

几个世纪以来，在印度北部、日本和中国的一些佛寺里，人们进行着泛音歌唱。甚至非洲的一些俾格米部落也使用过泛音。古老的民族歌曲是用泛音来唱的，北美的安第斯山脉的歌唱者们也进行泛音歌唱。泛音几乎总是在宗教或者精神背景下被用来歌唱。中世纪后期的格利高利圣咏是泛音歌唱的巧妙集合。东方的音乐家和听众通常更留意泛音，他们认为弦音仅仅是形成泛音的工具。

直到这个世纪，密宗文化保守着通过泛音歌唱提升力量和能量的秘密。但是现在，在几乎消失了八个世纪之后，泛音歌唱已经在欧洲取得了地位。

如今，泛音歌唱给人提供了一种把自己集中于丹田的愉快的方法，让人记起和恢复遗失的那部分自己。这样，他发现了很久以前忘记的声音、音调和能量频率。所有这些对人有着很好的安慰和平静的作用，允许他完全放松，臣服于自我的合一与真我。

如果你按照下面这个练习指导来做，你会毫不费力成功地进行泛音歌唱。

开始泛音歌唱时，找到一个舒适的坐姿，背部挺直，开始瑜伽呼吸。吸气时，把你的舌尖放在嘴的上部。然后呼气，此时你的舌头略微卷曲。让空气有力而无声地呼出，但是不要带给牙齿压力。在你的舌头下侧和上颚之间留有一个小空隙。舌尖向后，空隙允许空气通过，用这个间隔形成泛音。

- 选择一个你感觉舒服的音调。最好是低到足以从你的丹田共鸣的音。
- 让你的舌头两侧碰到牙齿也很重要。
- 在你唱歌的时候，从你的上颚和鼻子发音而不是从喉咙发音。
- 当形成了声音的时候，把你的舌头往前滑向牙齿，泛音就会变得更高；把你的舌头向后滑动，泛音就会变低。

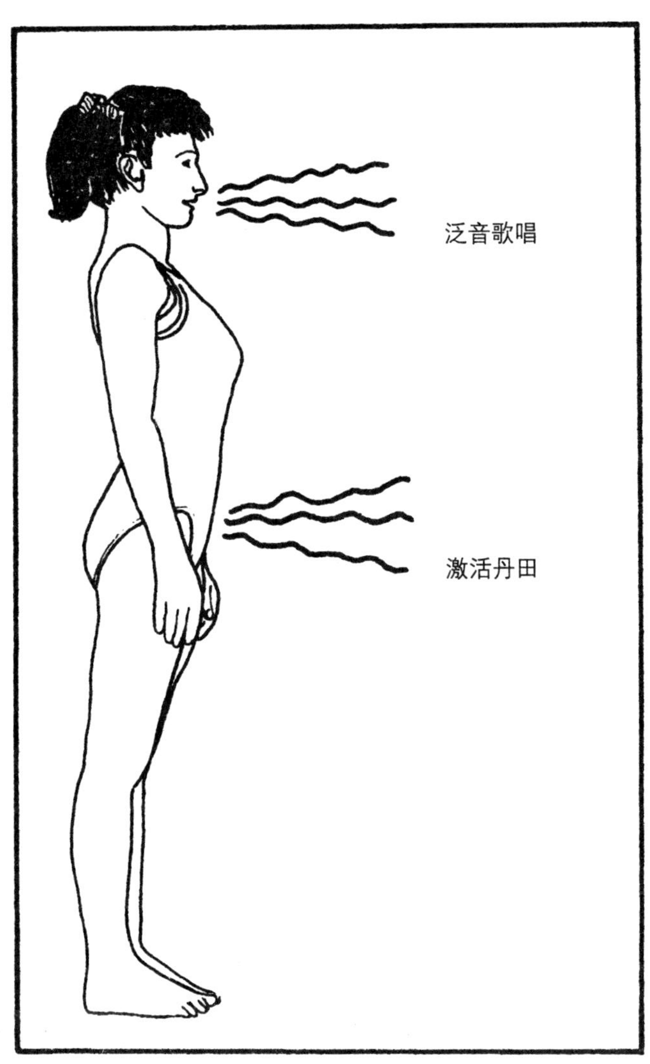

可以通过泛音歌唱激活丹田

- 你也可通过噘嘴和张开或闭上嘴唇，调整你的嘴唇，以改变音调。

当你单独唱每个元音时（u，o，a，e，i），你会发现每个元音都从你身体的一个不同的部分共鸣。

U——在脊柱下部

O——在腹部

A——在心脏，胸部

E——在喉咙

I——在第三眼

Hm——在头顶

我建议你每天至少练习泛音歌唱十分钟。练习每个元音，这样，你身体的每个部分都受到泛音共鸣的影响。在你唱完之后，我建议你放松大约十分钟，闭上眼睛，进行瑜伽呼吸，并留意你身体上、情绪上和心智上的感受。十分钟后，或者当你感到满意之后，在心里对自己从 1 数到 5 。当你数到 5 时，睁开眼睛。你会感到非常清醒，完全放松，并且你会以丹田为中心。

阿扎特·因哈拉特·卡恩告诉我们：

> 音乐是宇宙的和谐……是这种和谐让生命呈现在人这个宇宙的缩影身上。

音乐最棒的部分在于，通过音乐，不需要思考或专注，你就能够进入冥想。音乐把意识和潜意识连接起来，以无形而形成。如果有一种东西能被头脑意识到却没有任何形式——那么它就是音乐。[2]

火把你们焊接在一起，成为一体，成为同一个人，以便把你们两个减少为单独一个人，而不是此前的两个人；这样，你们可以终生连在一起生活……”[3]

在密教经典这样的心理—灵性整合里，一个人召集人体的这种能量。而这往往是更常规的精神和心里学派不考虑的。我们不仅不排除它们，我们反而积极地培育它们。密宗圣徒恰恰是灵性存在体的对照。“他是如此快乐”我们被告知“以至于看似疯狂；他的眼睛转动，因酒而变红。他坐在丝绸垫子上，被艺术作品围绕，吃着煮熟的辣椒猪肉。在他的左边坐着一个擅长爱的艺术的女孩，他和她一起喝酒，反复地和她入迷地性交……”[4]

不仅是密教经典把释放性能量看作对体会完整是最重要的。爱丽丝·贝利告诉我们：“身体对这个中心（第二个脉轮）的密集的外化，体现在生殖腺，人类繁衍的器官——把它们看作一个基本的组合。尽管在目前以人类这种二元的表达形式，它们暂时是分开的。必须记住，这个分离促进了一个有力的冲动，向着融合。我们把这种强烈的融合欲望叫作“性”。实际上，性是向着融合的本能。这首先是身体的融合。我们把与神圣融合的强烈欲望称作先天的（虽然往往被误解）神秘主义原理。”[5]

性能量和它的适当表达和转变对心理—灵性整合和工作是最重要的。但是首先要理解的是，性能量是一种形式的普拉纳。它只不过是整个人类能量谱里的一个频率范围。它不能被消除或者被弯成另一种形状，这如同我们不能移除身体里的电能或者把它变成其他的东西。

增强流动

性能量的正常流动（除了性高潮时以外）是从第二个脉轮向上，通过中脉一直到达头顶的第七个脉轮。当害怕或者精微能量系统里的阻塞扰乱了这种流动时，我们儿时曾有的神奇、兴奋、敬畏就都丢失了。①

当性能量向上流经精微能量系统时，常常有被扰乱的情况出现。在当今社会，主要是它引起抑郁。抑郁通常在青春期开始。发生抑郁的女人比男人多，因为社会对一个女人如何表达她的性能量给予了更多的限制。出于害怕或者困惑，很多女人试图阻止性能量通过她们的第二个脉轮放射出来，因为她们害怕引来错误的注意。不幸的是，这样做使女人无意间阻塞了性能量向上的流动。

男人常常以另一种方式扰乱性能量的流动，就是沉溺于性（像用药那样使用性）。他们用这种方式让性能量涌出第二个脉轮，而不是自然地向上流动。

中脉冥想

当性能量沿着脊柱向上流动，它的频率被它经过的每个脉轮一步

① 性能量是一个能量频率范围，它包括我们所说的创造性能量、快乐、愉快。在它的更加活跃有力的形式里，它是使一个人充满敬畏感的那种能量，让人感到世界是一个有些神秘和神奇的地方。它穿透无聊和老生常谈，就好像一把刀切开黄油，它让一个人充满孩子般的“好奇心”。

步增加。我把下面这个练习叫作中脉冥想。它是用来促进这种流动的，当性能量沿着脊柱向上流动时，它会帮助你把性能量转化为更高频率。

要开始中脉冥想，先找到一个舒适的姿势，挺直你的后背。闭上眼睛，开始瑜伽呼吸。进行两三分钟的瑜伽呼吸，然后留意你的第一个脉轮，它在你的脊柱底部。立即把呼吸带到你的第一个脉轮，并用第二注意力开始感觉与第一个脉轮有关的感受。把注意力放在第一个脉轮大约两分钟。从第一个脉轮开始，每次一厘米，慢慢地沿着脊柱向上移动你的注意力和呼吸。感觉每一节脊椎的能量和感受，直到你达到第二个脉轮。当受到你的精神的关注和呼吸刺激的时候，第二个脉轮会开始振动。在振动的那个点上，你会感到与第二个脉轮有关的感受，大约两分钟，感到那里充满能量。

两分钟后，或者当你感到满意之后，慢慢把你的精神的关注和呼吸沿着脊柱向上一次移动一厘米，直到你到达第三个脉轮。然后用两三分钟体会充满与第三个脉轮有关的能量。继续这样做，直到第七个脉轮。如果在任何一个点上，没有感觉或者有压力和疼痛，这表明能量受到阻碍。在这种情况下，只要多花些时间，把你的精神的关注和呼吸用到那个区域。不要强迫或者勉强你自己去感觉到什么。如果过了一小会儿，仍然没有感觉，就继续下一步。练习几天之后，流动会增加，阻塞会被释放。继续用同样的方式练习，直到你达到第七个脉轮。在你完成以后，放松大约五分钟，进行瑜伽呼吸，留意你的感觉。五分钟之后，或者当你感到满意之后，睁开眼睛。你会感到非常清醒，完全放松，比之前感觉更好。

情

在东方，一种性能量被称为“情”。当一个男人和女人在一起的时候，会产生这种能量，即使他们不进行身体接触。它是由阴之间阳内在的拉力产生的。情有三个层次，每一层都比前一层更强烈。情的水平与个体具有的阴阳水平成比例增长。有性的吸引时，两人就变得两极化，女性感觉更加阴柔，而男性更加阳刚。这会产生更多的情，这种形式的普拉纳能够改变意识并让男人和女人陶醉。无论何时，当一个男人和一个女人接触，就引起一种初步的情。一些社会严格限制这种初级形式的人类吸引力。“这里适用一条规定，即女人不可以单独见一个男人，除非有另一个男人在场，尤其是当第一个男人已婚的时候。这条规定适用于所有的女人，因为性是不分年龄的，而即使是以最清白的方式打破规定也是有罪的。”[6]

当一个男人和女人之间有身体接触的时候，情的水平会更强烈。这种身体接触可以是任何层次，从拉手到拥抱和接吻。当发生性交并且两人互相拥抱的时候，就达到了情的第三层。对于尚未觉察到性能量的超验性的人来说，这个第三层是亲密的极限。有些人把情的第三层看作是两人之间可能发生的终极体验，看作性接触的最深刻体验。这些人对人类亲密程度的误解很深。

通过性结合的行为，两个人可以有与彼此结合和与宇宙场结合的超验的体验。通过这种体验，双方都能够感到自己是完整的，并且完全融合。这就是为什么在东方所爱的人是受尊敬的。因为通过与所爱的人亲密接触，先是达到了与另一个人的合一，然后达到与宇宙场的合一。

臣服

要促进和提高性能量通过精微能量系统的流动，一个人必须做的第一步是，让自己摆脱社会对性能量正常和健康表达所施加的禁忌。人类性问题的根本是对个人消失的恐惧，这来自完全的性联合。性让两个人在能量上和身体上联合，并允许他们融入联合，对于由意识主宰的自我天生地具有威胁性。

在真正的性亲密里，有一个短暂的走出分离，分离的体验被联合的体验所取代。恐惧是意识阻止这种形式的联合的方法。恐惧让一个人收缩，而收缩是臣服的对立面。在人类的日常互动中，特别是性的互动中，臣服的需要是非常重要的，它不能被轻易掩盖。通过臣服来达到完全的性联合的能力，可以被比作死亡。在合一和性高潮释放的那一刻，一个人超越了身体或者意识头脑施加给他或她的限制，在所爱的人的帮助下，达到合一，并因此超越。密宗大师在我们之前承认了性的超验本质，并且把做爱的行为当作一种与宇宙场合一的工具。性变成了他们超验的爱的表达……真我在所有因果层面的完全放射。

这种完全放射只能发生在伴侣双方都放下恐惧并且有信任进行自由放射的时候。信任产生在一个人有勇气和诚实去做自己，并且感到自己“总是处于身体里”的时候。一个这样的人，会通过第二注意力来感知世界，而头脑会安静下来。

所有的脉轮都会打开，身体会完全放松。如果伴侣一方或者双方没有达到其中任何一个条件，就不能达到完全亲密，因为这会阻止个人能量场完全融合。特别重要的是，脉轮在性亲密期间是打开的。即使是一个脉轮的阻塞，也足以扰乱整个联合。此外，伴侣中任何一方的一个或者更多个脉轮的阻塞，会扰乱另一方的相应的脉轮，并且会扰乱能量流经经脉。它会减弱气场，并破坏伴侣双方的阴阳能量的平衡。一个或者更多个脉轮的阻塞，会引起很多常见的性问题和障碍，这种现象现在是很普遍的。

完全的性联合对关系、自尊和达到完整来说非常重要。因此，在性交中，性能量的合理使用和放射不能靠运气。不完全的性联合和滥用性能量对精微能量是一种灾难。因此，我把一系列练习列入本书。这些练习是由一位著名的运动治疗师奥托·里希特创立的。它会促进性能量在做爱时通过你的精微能量系统流动和放射，以使你达到完全的身体高潮和与你的伴侣完全融合。

下面的练习为期六天。你应当在做爱前连续六天每天进行这些练习。

练习一——身体部分分解动作

开始做“身体部分分解动作”时，播放一些节奏舒缓、令人放松的音乐。开始把你的注意力和呼吸集中在你的头和脖子。让音乐渗透这个区域。然后把你的第二注意力带到这个区域。用各种方式移动你的头和脖子，让你的意识填满这个区域并从这里放射。如果你感到去放松头部并从那里放射时有阻力，那么你可能正在控制你的思想。不断提醒自己要放开“头脑”并通过第二注意力去体会那个区域。那么，你就会能够自由移动你的头。继续向这个区域呼吸至少两分钟。

接着，把你的第二注意力移动到你的肩膀。开始从肩膀吸气和呼气。

让音乐渗透肩膀，然后开始移动肩膀。它们向上、下、前、后，各个方向自由移动了吗？你用肩膀承担着负担吗？如果是这样，晃动肩膀让它们放松，放开那个重量。然后用意识填满你的肩膀。让你的意识从肩膀完全放射，至少两分钟。接下来把你的第二注意力带到你的肘部。开始向着肘部呼吸并把你的意识带到肘部。感觉音乐渗透肘部。感受关节的感觉和知觉。在这儿，灵活是关键词。想着这个，观察你让肘部灵活的意愿。

胸腔是特别重要的地方。不呼吸你就不能移动你的肋骨，而不移动肋骨你就不能呼吸。看看它们是怎样一起工作的。把你的第二注意力带到你的胸腔。向着胸腔吸气，用音乐和你的意识填满它，两三分钟。把你的双手放在肋骨上，可能会帮助你了解肋骨如何向前、后、左、右和绕圈运动。

把你的第二注意力带到你的臀部（骨盆），并开始从它们进行呼吸。感觉这个区域里的音乐。把一只手放在你的下腹部，另一只手放在背面，开始移动你的臀部。把手放在这个位置时，你会体会臀部和骨盆向前、后、右、左移动。一会儿之后，用你的意识填满这个区域并让它从那里放射，至少两分钟。如果你的臀部和骨盆紧张，你可能在有意识地、刻意地控制和阻碍你的性能量。如果是这样，你可以通过跟着音乐的节奏移动骨盆来进一步刺激骨盆。

关注你的脊柱。把你的第二注意力带到脊柱。从脊柱吸气和呼气。开始做出像蛇的动作，让脊柱波动。随着性能量从脊柱的下部放射，感觉它，跟随它沿着你的后背向上来到脖子和头。当它向上流动时，感觉它从你的脊柱放射，用一种温暖和充满活力的光芒填满你的整个身体。要自然地从骨盆运动，你必须也移动身体的其他部分。但是即使你这样做了，也要继续让你的意识发自那个骨盆里的点，那个性能量的源头，并让它停留在那里，两三分钟。

然后把你的第二注意力带到你的膝盖，从膝盖吸气和呼气，感觉音乐流入它们。尝试用不同方式移动膝盖，用你的意识填满这个区域，两三分钟。用你的脚踝、脚、脚趾、胳膊、手腕、手和手指，重复这个步骤。

在你分解练习了你的不同身体部分之后（一次一个部分），并且你已经感到了你的意识通过每一个部分放射，就开始把各部分联合起来。开始仅通过你的脚趾和脚分解、移动和带出你的意识。然后加入你的脚踝和膝盖。从膝盖往上，加入你的臀部。然后这样继续，直到你的意识同时从每个身体部分放射。最后，你会同时移动你的整个身体。你的能量会从每个部分自由放射，你会完全处于你的身体里。大约全身运动五分钟后，找到一个放松的姿势，休息大约五分钟，留意你身体上、情绪上和心智上的感受。

这个练习融合了运动、能量和你的身体感觉和以太体分身。它提醒你，通过融合身体自身的意识中心，你的身体可以自然地、整体地运动。

练习二——骨盆推动

要开始做骨盆推动，先让双脚稳稳地站在地上，双膝略微弯曲。然后开始随着音乐移动给你的骨盆。注意你的骨盆是如何移动的。尤其是留意当你弯曲脊柱的时候，骨盆是如何被一路推向前上方而后又一路向后倾斜。把你的两手分别放在骨盆的前面和后面，这会帮助你找到这些

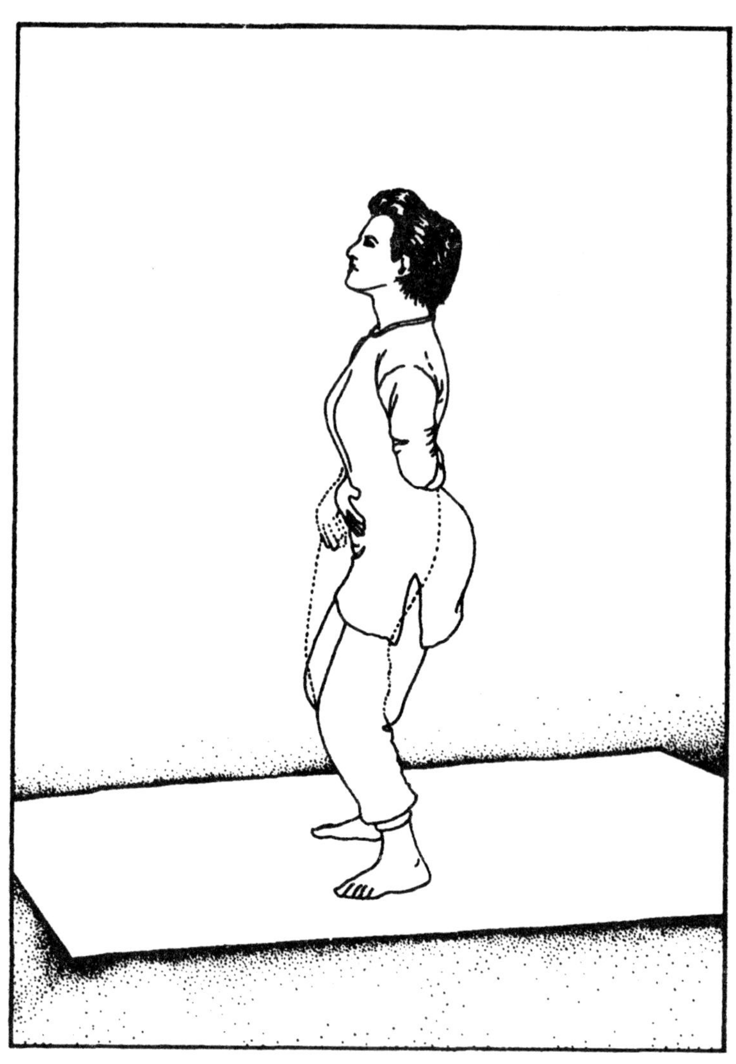

骨盆推动

运动的参照点。把你的第二注意力带到你的第一个和第二个脉轮里面和周围的区域。记住，在这个区域有着那个蛇能量，昆达里尼。为了使性能量和昆达里尼适当地流动，你将不得不审视你所有的与性有关的条件反射。过去的声音会萦绕在你的脑海，像是“不要做色情的动作”“不要摸你那里”“这样不好”或者“性是肮脏的。”事情的真相是，性能量和昆达里尼是普拉纳的大仓库，你必须能够在任何情况下适当地产生和放射这些形式的能量。

一旦你已经推动了骨盆一小会儿，并且你在那个区域感到自如，就把你的胳膊举过头顶，放在一个放松的位置上。然后推动你的骨盆向前，允许你的脊柱开始起伏波动。当你把骨盆向后推动时，你的脊柱会自然地开始一次新的波动。让每次推动都伴随着声音，确保这些声音反应那里的感觉，并且在你的全身共鸣。继续做这些运动至少三分钟，并让你自己完全享受它们。

通过做骨盆推动，你会感到骨盆区正在放松。肌肉会放松，能量会流动得更好。在你完成这个练习之后，闭上眼睛，仰面躺下休息大约五分钟，留意你心智上、情绪上和身体上的感觉如何。

练习三——运动的猫

（伴随有节奏的音乐）

双手和双膝着地，开始做“运动的猫”。当你从鼻子吸气时，向上弓起你的脊柱（像一只生气的猫），把你的下巴一路收拢到胸口，并向前推动给你的骨盆。吸气和动作都应当慢慢进行。当你完成吸气的时候，并

运动的猫

且在吸气和呼气之间不做停顿，用你的嘴呼气，尽可能地伸出你的舌头，并向下弯曲你的脊柱。同时，把你的脊柱向后倾斜，并把你的头自然地尽量抬起。当你呼气时，慢慢地做这个动作。然后重复这两步四五次或者更多次，或者直到它成为一种习惯，而你不必去想它。

开始加快速度。所有的动作都应当在第二注意力活跃的状态进行。让这些动作变得尽可能快，快速地连续做这些动作至少一分钟或者尽可能延长时间但不要勉强。然后逐渐减慢速度直到你最后停下来。在你停下来之后，把胳膊放在两侧，俯卧大约五分钟。进行瑜伽呼吸，注意你心智上、情绪上和身体上的感觉如何。这个练习帮助释放受困于你的太阳神经丛里面和周围的能量。通过释放那里的能量，你会感到更加信任你的伴侣，并与伴侣连接的更好。当你通过这个脉轮与你的伴侣连接时，你会体验到一种深深的归属感，这会促进要达到完全亲密和合一所必需的臣服。

练习四——蛇推

要开始做“蛇推”时，仰卧、膝盖向上，双脚尽量靠近臀部。你的双脚应当平放在地上，胳膊放在两侧。用这个姿势开始瑜伽呼吸。先慢慢把你的骨盆向上推，把脊柱抬起，离开地面，一节一节地抬起脊椎。当你抬起骨盆的时候，你会感到大腿和下腹部的肌肉拉伸了，变得更有弹性。当你拉伸你的腿部和腹部肌肉时，确保你全身的其他部分完全放松。当你完成这个动作时，你的全部重量会由双脚和双肩支撑，你的后背会完全拱起。如果你能做到，保持这个姿势至少一分钟，然后非常慢地放开这个姿势，从脖子开始往下展开你的脊柱，把它放回地面。当你

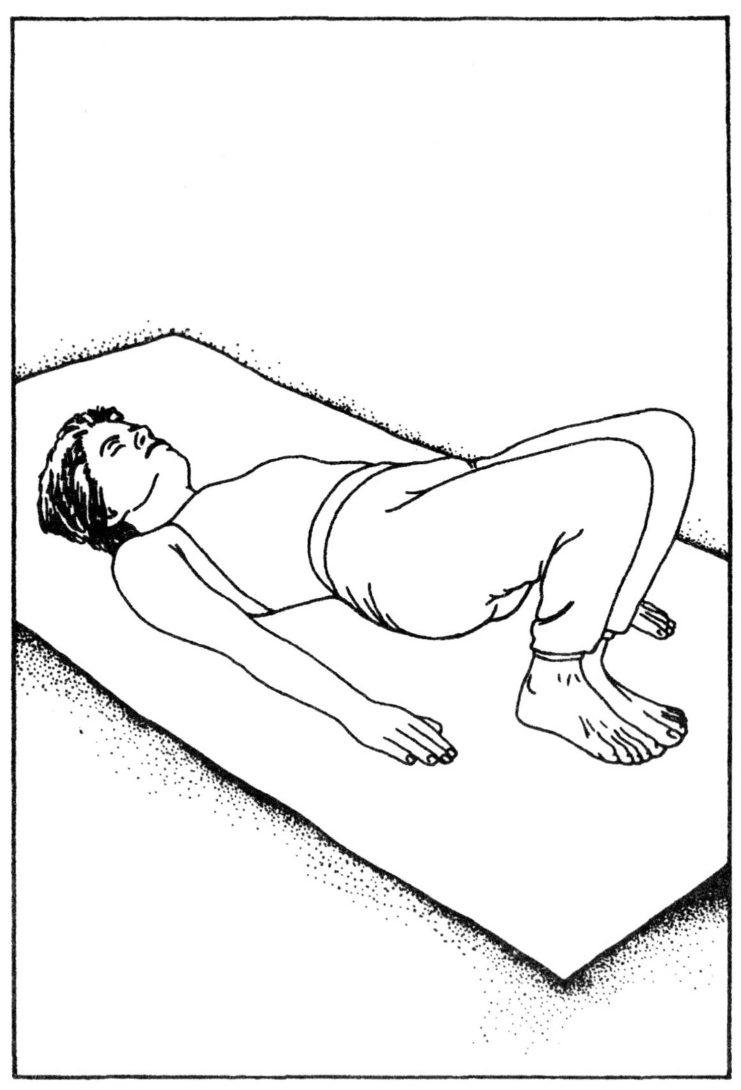

蛇推

完成时，骨盆会处于休息的姿势，平放在地上。重复做这个练习三次。然后放松大约五分钟，仰卧、胳膊放在两边，注意你身体上、情绪上和心智上的感觉如何。

这个练习教给身体如何同时融合女性和男性能量。它通过拉伸肌肉来加强肌肉。通过帮助肌肉变得更有弹性，你会能够更好地控制你的动作。

练习五——说“是”的身印

要开始做说“是”的身印时，仰卧、双腿并拢、膝盖向上弯曲、双脚放在地上、尽可能靠近你的臀部。胳膊放在两侧、手掌向上。用你的鼻子吸气，在呼气时用自己能听到的声音说“是”。让你的双腿慢慢分开，而双脚脚掌相对。继续对自己重复说“是”。当你重复说“是”的时候，你会感到自己变得更开放、更有接纳性。同时你的双腿会进一步打开，直到你的膝盖几乎接触到地面，并且你的第二个脉轮周围的区域会放松。在你以这个姿势完全放松以后，这样休息大约五分钟。然后慢慢地抬起腿，直到你的双膝再次并拢。然后放松大约五分钟，注意你身体上、情绪上和心智上的感觉如何。

练习六——变得诚实

这些练习应当每天进行，一个接着一个做，在做爱之前练习六天。在做爱当天，花一些时间躺下来休息。在你放松的时候，问你自己这个问题，“有没有我想告诉伴侣的事情，但是却不去提它？”还有，“在这

地收缩。灼热的能量流会有节奏地通过身体放射——沿着腿向下到达脚底，穿过胳膊和手指，从脊柱底部到头顶穿过身体。

密宗把炫目的联合一刻描述为超越感觉，就好像直接、深入地接触到了真理。没有说话声、没有影像、没有视野——只有宇宙的存在。你像一束激光那样，穿过时间和地点的屏障。认识者、知识和知识的对象之间没有区别。

当伴侣双方的能量场合一时，所有的界限都被打破，你感到你、你的伴侣和世界合而为一。

注释

第一章

1 *The Geeta, The Gospel of the Lord Shri Krishna*, translated by Shri Purchit Swami, Faber and Faber Ltd., London, 1935; p.44

2 *The Holy Bible, King James Version*, Cambridge University Press, St. Luke 18:19

3 Capra, Fritjof, *The Turning Point*, Fontana Paperbacks, London, 1983; pp.87-88

4 *Ibid*, p.88

第二章

1 Jacobi, Jolande, *The Psychology of C.G.Jung*, Routledge & Kegan Paul, London, Seventh Edition, reprinted 1975 and 1980; p.129

第三章

1 *The Holy Bible, King James Version*, Cambridge University Press, Isaish 59:2

2 *Ibid.*, Leviticus 20:24

3 *Ibid.*, The Epistle of Paul to the Galatians 5:16-17

4 *Ibid.*, Luke 10:22

5 Devi, Chitrita, *Upanishads for All*, S. Chand & Co., Ltd., Delhi 1973, Kenopanisad; p.16

第四章

1 James, William, *The Varieties of Religious Experience*, The Modern Library, New York, 1902, p.167

2 *Ibid.*, pp.168-169

3 *Ibid.*, p.169

第五章

1 Tagore, Rabindranath, *Gitanjali and Fruit-Gathering*. Bernhard Tauchnitz, 1922, pp.34-35

2 Hesse, Hermann, *Siddharta*, New Directions Publishing Corp., New York, 1957, p.111

第六章

1 *The Kybalion*, The Yogi Publication Society, Chicago 1912, p.27

2 Da Free John, *Easy Death*, The Dawn Horse Press, Clearlake, California, 1983; p.102

3 *The Geeta*, p.21

4 *Upanishads for All*, Fourth Brahmana (Section 4), p.337

5 Herrigel, Eugen, *Zen in the Art of Archery*, Vintage Books, New York, 1971, pp.87-89

第七章

1 *Gitanjali and Fruit-Gathering*, p.47:29

2 Haich, Elisabeth, *Initiation*, Seed Center, Palo Alto, California, 1974, p.160

3 Janov, Arthur, *The Feeling Child*, Abacus, London, 1982, p.8

4 *The Kybalion*, p.35

5 Luce, *Gay Gaer*, Dover Publicatioins Inc., New York, 1971, p.11

6 *The Feeling Child*, p.28

7 *Brain Mind Bulletin*, Vol. 8 Nr. 16, Los Angeles, 1983

8 *Ibid.*

9 Jung, C. G., *The Problem of The Attitude Type*, "Essays on Analytical Psychology CW7 par 78"——Collected Works

10 *Holy Bible*, Mark 10:14

11 *Ibid.*, Matthew 21:33-38

第八章

1 Langenscheidt, *New Pocket Dictionary*, Berlin, 1970; p.515

2 Rousseau, Jean Jacques, *The Social Contract*

3 Fontain, Jean de la, *Le Cheval s'etant voulu venger du cerf*

4 Rochefoucauld, Francois, Duc de la, *Reflexions*

5 Tao Te King, *Lao Tsu*, Penguin Books, Middlesex, 1963, 48, p.108

6 Shah, Idries, *A Veiled Gazelle*, The Octagon Press, London, 1978; p.25

7 *The Kybalion*, p.32

8 Tillich, Paul, *The Courage to Be*, Yale University Press, New York, 1979, p.27

9 *Ibid.*, p.23

10 *Ibid.*, p.30

11 Merton, Thomas, *The New Man*, Farrar, Straus & Giroux, New York, 1978, p.90

第九章

1 *Easy Death*, p.111-112

2 Yogi, Ramacharaka, *Science of Breath*, Yogi Publication Society, Chicago, 104; p.10

第十章

1 *The Kybalion*, p.39ff

2 *Holy Bible*, The First Epistle of Paul the Apostle to the Corinthians, 3:16

3 Kulvinskas, Viktoras, *Survival into the 21st Century*, 21st Century Pubilcations, Woodstock, 1975; p.129 and 132

4 Suzuki, D. T., *The Zen Doctrine of No Mind*, Rider Pocket Edition, Reading, Britain, 1983, p.72

5 *Upanishads for All*, Fourth Chapter, Svetasvataropnisad, Section 17, p.109

6 Bailey, Alice A., *The Soul and Its Mechanism*, Lucis Publishing Company, New York, 1981, p.43

第十一章

1 Ramakrishna, Sri, *Teachings of Sri Ramakrishna*, published by Swami Budhananda, Advaita Eshrama, Calcutta, 1975, p.11

2 *Upanishads for All*, p.89

第十二章

1 Motoyama, Hiroshi, *Theories of the Chakras*, The Theosophical Publishing House, Wheaton, 1981, p.23

2 *The Soul and Its Mechanism*, p.119

3 Leadbeater, C. W., *The Chakras*, The Theosophical Publishing House, Wheaton, 1977, pp.72-73

4 *Holy Bible*, John 10:16

5 Lawrence, Brother, *The Practice of the Presence of God*, The Peter Pauper Press, Mount Vernon, 1963, p.32-3

6 *The Soul and Its Mechanism*, p.111

7 *The Chakras*, p.13

8 *Holly Bible*, II Timothy 1:7

9 *Siddharta*, A New Direction Book, p.107

10 *Upanishads for All*, Svetasvvararopanisad, 12, p.91

11 *The Zen Doctorine of No Mind*, p.97

12 Tao Te Ching, *Lao Tsu*, Penguin Books Ltd., Harmondsworth, 1979,

p.72

13 Sherwood, Keith, *The Art of Spiritual Healing*, Llewellyn Publications, St. Paul, 1985, p.62

14 Capra, Fritjof, *The Tao of Physics*, Bantam New Age Books, New York, 1980, p.112

第十四章

1 *Omni* Publication International Ltd., B. Guccione (Editor), New York, Oct. 82, p.79

第十五章

1 Teeguarden, Joma Tarsaa, *Acupressure Way of Health*, Japan Publications Inc., 1978, p.59

2 Iyengar, B. K. S., *Light on Pranayama*, Unwin Paperbacks, London, 1981

第十六章

1 Durckheim, Karlfried Graf von, Mandala Books, London, 1984, p.33

2 Hazrat, Inhalat Khan, *Music is the Harmony*, zitiert aus Esotera, Obertone

第十七章

1 *The Kybalion*, p.39

2 Evola, Julius, *The Metaphysics of Sex*, East West Publications,

London, 1969, p.43

3 Plato

4 Rawson, Philip, *Tantra*, Thames and Hudson, London, 1973, p.9

5 Bailey, Alice, *A Compilation on Sex*, Lucis Press Ltd., London, 1980

6 *The Metaphysics of Sex*, p.23